… L'OBLIGATION DE RETENUE …

Suivi éditorial et mise en page :
Macha Publishing.

Éditions Marie B
7, place des Martyrs-de-l'Occupation-Allemande
92110 Clichy
http://www.éditions-marieb.com

ISBN : 979-1-09357-694-7

Malika NAS-GUTBROD

… L'OBLIGATION DE RETENUE …

EDITIONS MARIE B

Chez le même éditeur

La Seringue atomique. Chroniques agitées d'une infirmière libérale de Corinne Régulaire (2016)

Enfants de la déconstruction, portrait d'une jeunesse en rupture de Jérémie Cornet et Paul Melun (2019)

Johnnies du Léon (une saga bretonne méconnue) de Jacques Salès (2019)

Ennio Morricone ou le poison d'une œuvre de Philippe Grégoire et Olivier Keravel (2020)

L'Histoire racontée par le football d'Olivier Corbobesse (2020)

Le Péché originel (ou le toboggan de la corruption) de Jacques Salès (2020)

Un meurtre, une vie (collectif) en partenariat avec le Samu social de Paris (mai 2021)

Une histoire du blasphème en France de Sylvia Preuss-Laussinotte (août 2021)

Des plaies qui saignent Haïti 1804-1843 de Jacques Salès (septembre 2021)

Préface

Non loin du Bastion, dans le XVIIe arrondissement, nouvelle adresse du mythique 36, quai des Orfèvres et du tribunal de grande instance de Paris, se trouve un restaurant de plus en plus fréquenté par des magistrats et des policiers : *La Barrière de Clichy.*

Il y a deux ans, accompagné de deux collègues, j'ai fait la connaissance de Malika et de son époux Jérôme.

Le temps d'un déjeuner, nous avons pu apprécier la qualité des mets et la chaleur de l'accueil réservé à tous les clients par ce charmant duo.

Malika, la patronne et dévouée serveuse, nous a séduits par son dynamisme, sa joie de vivre, sa spontanéité, son naturel, son apparente naïveté et sa familiarité désarmante, donnant ainsi le sentiment de croquer la vie à pleines dents et de vouloir communiquer sa joie de vivre.

Au-delà de ce qui pourrait apparaître comme le comportement stéréotypé d'une commerçante soucieuse de fidéliser sa clientèle, nous avons compris que Malika, outre la passion pour son métier, possédait d'autres vertus que les lecteurs vont découvrir dans son *Obligation de retenue.*

Claude Cancès
Ancien patron du 36, quai des Orfèvres

À mes parents…

Au cours d'une vie, certains évènements, certaines anecdotes parfois drôles, parfois graves, marquent durablement une personnalité et restent présents à l'esprit. Ces scènes de vie sont inscrites à jamais dans nos pensées, cependant l'obligation de retenue demeure toujours la règle.
Enfin je trouve le temps de me poser un peu pendant l'épisode de chômage technique forcé dû à ce malin virus nommé Covid-19 (épisode 1).
Aussi bizarre que cela puisse paraître, le monde en « pause totale » constitue une période inédite que nous aurons toutes et tous vécue différemment.
Confinés, chacun dans son propre cocon ou dans sa propre prison.
Honnêtement, j'ai pris le temps de savourer tout ce temps libre, séquence que mon parcours professionnel ne m'avait jamais encore permis de vivre.
Je suis consciente malgré tout de l'impact économique et social qu'avait cette décision lourde de conséquences sur l'avenir de tous – soumettre des populations entières au confinement.
Un choix périlleux que cette initiative appliquée au monde entier. Voyons ce que j'ai retenu de cette leçon que nous impose la vie, les épreuves sont censées renforcer en nous la capacité de résistance.

Pour ma part, ma force physique m'ayant résolument dit *bye-bye* au cours de quelques-unes de celles-ci, pourvu que ma force mentale m'accompagne encore un petit bout de chemin.
J'ai l'impression d'en être à ma troisième vie, tellement j'ai rencontré de situations étonnantes pendant mon parcours, aussi vais-je tout simplement commencer à tenter de les décrire.
Pas certaine qu'un seul livre suffise...
Précision tout de même, je suis Sagittaire et non Balance, de ce fait aucune révélation trop déplacée ne sera faite et silence radio pour ma part s'il y a dossier...
Devoir de réserve et secret professionnel obligent.
Pour le bien de tous, curieux trop sournois s'abstenir.
N'achetez pas ce livre si vous vous attendez à...
À bon entendeur...

À chacun sa lecture de la vie...

« Je me sens toujours heureux, savez-vous pourquoi ?
Parce que je n'attends rien de personne ;
Attendre fait toujours mal.
Les problèmes ne sont pas éternels,
Ils ont toujours une solution,
La seule chose qui n'a pas de remède est la mort. »

William Shakespeare

Ne permettez à personne de vous insulter, de vous humilier ou de diminuer l'estime de soi.
Les cris sont l'instrument des lâches, ceux qui ne pensent pas.
Nous rencontrons toujours des gens qui nous considèrent comme responsables de leurs problèmes, et chacun aura ce qu'il mérite.
Nous devrons être forts et nous relever des chutes que la vie nous impose, pour nous rappeler qu'après le sombre tunnel plein de solitude, de très bonnes choses viennent.
Avant de parler... Écoutez.
Avant de critiquer... Examinez-vous.
Avant d'écrire... Pensez.
Avant de faire mal... Regardez.
Avant d'abandonner... Essayez.
Avant de mourir... Vivez !!

Prêts pour une immersion dans mes pensées ?

Trois...

Deux...

Un...

Confinés

Alors, ce moment de science-fiction est maintenant devenu réalité. Plus rien ne sera jamais comme avant ! J'aime la vie : épicurienne un jour, épicurienne toujours. Hier encore, j'étais directrice de salle dans un restaurant de gastronomie française aux portes de Paris, exerçant avec enthousiasme un métier que j'adore tant il est enrichissant sur le plan personnel, professionnel et humain.
Un match proposé deux fois par jour et qui me procure ce bien-être si particulier tant il y a de choses à gérer en même temps. Tout cela effectué avec la volonté de satisfaire chaque convive qui aura franchi notre porte en nous confiant sa santé mentale et physique.
Cette profession qui ne laisse absolument pas la place à la routine, m'a permis d'échanger avec des personnes de toutes classes sociales, de créer de belles relations amicales, d'essuyer aussi des déceptions, mais je suis intimement convaincue que de chaque situation vécue, aussi difficile qu'elle soit, il en ressort toujours quelque chose de positif.
C'est tout simplement l'apprentissage de la vie.
Mettons donc pour ce confinement un programme en place, qu'il soit le plus productif possible, puisque l'inaction n'est pas mon habitude de vie. Il me paraît évident que chaque jour bien occupé me permettra

de réaliser tout ce qu'il m'est impossible de faire en temps normal.
Comme tous je pense, il faut d'abord s'atteler au grand nettoyage de printemps, en profiter pour réaliser aussi des tâches ménagères inhabituelles. Voilà, c'est chose faite.
L'esprit tranquille, je peux commencer à décrire une partie de ce qui se passe dans mon cerveau. Très en vogue en ce moment, appelons cela une retraite spirituelle. Mais combien sommes-nous là-haut ?
Depuis toujours, sur différents sujets je m'interroge, questionne mon entourage inlassablement. Dans le seul souci de comprendre, de la curiosité certes, mais jamais mal placée. Je ne suis pas un ange, mais être à l'écoute fait partie intégrante de mon logiciel interne humain.
Ce stop mondial obligeant chacun à marquer une pause extérieure et à se recentrer sur soi est pour moi une réelle bénédiction.
Depuis le temps que je voulais écrire.
C'est donc au soleil, ordinateur à la main et citronnade à proximité que je me délecte à laisser mes doigts courir sur le clavier.
La tâche me semble d'une facilité déconcertante, comme si cet exercice de l'écriture m'avait déjà été familier.
Le syndrome de la page blanche n'est pas pour moi, en tout cas pas pour maintenant.
Comme je savoure ce confinement qui me permet de mettre à l'épreuve ma capacité d'adaptation, d'organisation, de gérer le quotidien en microcomité !
D'avoir autant de temps libre me permet aussi de faire mon pain quotidiennement. Je le recommande à chacun, car c'est une satisfaction que de pouvoir déguster ce symbole à la française fait de ses propres mains.
Ensuite, je cuisine et j'adore ça, car je trouve que cela détend vraiment. Le simple fait de manipuler ces produits frais me fait du bien et me laisse la liberté de choisir les plats que je réalise.

Ayant le bec sucré, la gourmandise étant une de mes alliées, je me concocte aussi quelques douceurs, pots de confiture à la poire-gingembre et citron vert, entre autres. J'aime les savourer pour accompagner le plateau de fromages en plus du petit déjeuner.
Et si je faisais mon dentifrice en choisissant moi-même l'arôme ?
J'aime le citron, va pour une huile essentielle au citron puis un second à la menthe poivrée pour alterner.
Je fais de la couture sans machine, mes soins esthétiques en totale autonomie...
Bref... une vraie survivaliste. Les sorties ne me manquent absolument pas et je reste en contact grâce au téléphone, mails, réseaux dits sociaux, et à la télévision à très petite dose cela me suffit.
Je m'informe et tente de comprendre et faire le tri entre information et désinformation. Puis j'analyse et réfléchis davantage, le tout en cuisinant en parallèle du reste, avec tout ce temps à disposition.

La peur paralyse, c'est tout à fait exact. Nous le vivons pleinement en ce moment, avec à la clé des conséquences économiques qui perturberont pendant longtemps le monde entier, ainsi *assigné à résidence* pour sa grande majorité.
N'y a-t-il aucune leçon à tirer de cela ?
Une vie différente se profile avec de nouveaux codes en respectant la « distance physique » et non la distanciation sociale, en appliquant les gestes barrières pour tenter de ralentir la progression de ce malin virus.

Évidemment, je m'interroge davantage sur le sens réel de tout cela, je ne rentrerai pas dans le détail de l'abus tarifaire du business des masques, gels hydroalcooliques, gants, visières, parois plexiglas...
Je ne développerai pas non plus l'exagération des tarifs de tous les produits alimentaires et autres...

qui va perdurer, en consommant pourtant ce qui est cultivé sur nos terres.
Voilà, la mise en lumière du non-sens risque de nous éclairer pendant un moment, je pense.

Le sentiment *qu'on nous a pris notre vie* fut étrange puisqu'en quatre heures de temps, je suis passée de travailleuse à chômeuse, pour la première fois de ma vie !
Vingt-cinq années à essayer de bâtir, une pierre après l'autre, le confort de ce restaurant, réduites au néant en un claquement de doigts.
Oublions tout ce que l'on a vécu jusqu'à présent, redémarrons d'une page blanche !
J'essaye de digérer l'indélicatesse de certains tant bien que mal, mais je savoure le bon sens d'autres, j'observe et j'écoute ce que les sachants et décideurs nous exposent.

Je suis privée du contact humain habituel en raison de l'isolement et de la distance physique mise en place face à cette pandémie, mais je le respecte scrupuleusement étant une fille plutôt disciplinée ; une troglodyte des temps modernes puisque citadine.
Sympa cette exploration, cela me plaît beaucoup.
Profitons de ces bons côtés que nous offre internet et de la multitude de recettes faciles à réaliser.
Poursuivons l'exploration possible.

Vis ma vie

Tellement agréable lorsqu'en bonus, la passion vous a conduit vers l'univers de partage et de convivialité qu'est la restauration. Et lorsque votre investissement est respecté par de belles personnes si bienveillantes, celles-ci vous font oublier tous les autres maux que sont le mal de jambes, le mal de tête, le mal de dos... la fatigue psychologique et physique.
Ce métier est une fabrique indiscutable de Tamalous[1].
Et puis il y a ces personnes dont la présence vous donne instantanément de l'énergie dès leur arrivée. Pour cela, ce métier est fabuleux car parfois on peut avoir eu une courte nuit ou une nuit agitée et, aussi étrange que cela puisse paraître, tout ceci est balayé d'un revers de la main lorsque le premier client pénètre dans le restaurant.
Ce sont les fameuses ondes positives qui nous entourent et décuplent notre attention et notre capacité à vouloir bien faire.
Mais... nous ne vivons pas dans un monde de bisounours.
Parfois l'épreuve peut être blessante et difficile à surmonter lorsque certains oublient les règles de bonne conduite en société.

[1] Tamalous : tu as mal où ?

L'âge n'étant pas un gage d'intelligence, sinon cela se saurait et nous n'en serions pas là aujourd'hui.
L'argent pervertit l'esprit et laisse parfois certains comportements déplacés se révéler subitement à vous.
Premier cas d'obligation de retenue pour la circonstance même si à l'intérieur ça bouillonne, une force intérieure vous murmure qu'il ne faut pas se rabaisser à une telle médiocrité.

Ce travail sur soi est très gratifiant lorsque par miracle on arrive à retenir les chevaux.
Mais nous savons tous que le respect ne s'achète pas et s'il y a bien une phrase qui m'insupporte, c'est bien celle-ci :
« Le client est roi. »
Ah bon ? Et qui a décrété ça ? La phrase me paraît incomplète.
Ce serait donner la possibilité de croire aux plus tordus, que parce qu'ils paient, tout leur est permis, leur permettant ainsi de donner libre cours à tous leurs travers.
Heureusement par chance, je n'en ai pas croisé beaucoup au cours de ma longue carrière et je n'éprouve aucun manque à ce sujet.
Mais on ne les oublie jamais et surtout cela permet de savourer davantage les sympathiques.
La retenue ne signifie pas se laisser écraser, il est à mon sens primordial de pratiquer la réciprocité.
Cela équilibre spontanément la balance.
Ma mémoire me surprend tant elle est précise sur bien des évènements. Autodidacte pour ce premier livre, aucune note n'ayant été prise, les rappels de faits viennent à moi facilement et je me réjouis de savoir qu'Alzheimer n'a pas encore décidé de venir frapper à ma porte.
Consciente, en revanche, que j'ai tout de même un abonnement chez sa concurrente qu'est la mémoire

sélective, je l'avoue bien volontiers, lorsque j'éprouve un désintérêt, il n'y a rien à faire.
L'importance du souvenir me ravit lorsqu'il s'agit de mesurer le chemin parcouru, je crois que de temps en temps un coup d'œil dans le rétroviseur s'avère bénéfique et nécessaire.
Le souvenir du choix d'une vie bien remplie, pleine de couleurs et de moments précieux tatoués dans l'hémisphère gauche du cerveau.
Car en plus des moments vécus après la perte d'êtres chers, seul le souvenir demeure.
Les échantillons d'extraits de vie qui vont suivre donneront, je l'espère, la possibilité d'éclairer la positivité qui est un vrai moteur de vie et la prise de conscience de ce que chacun d'entre nous vit, bons et mauvais moments.
Si la possibilité s'offre à nous, il appartient à chacun d'être acteur ou spectateur.
On construit chacun son quotidien.
Car tant qu'on respire…

Con Descendant

Oui, je pense qu'il y a eu une faute de frappe dans le dictionnaire car en « deux mots » la définition est parfaitement explicite.
Qui ne fonctionnerait absolument pas avec son contraire : humble.
Le sens, qui est largement employé actuellement, est « donner de la hauteur ».
À quoi ? Au mépris ? Au dédain ?
Ou alors ? Au sens protecteur ? Ou à l'illusion du supérieur ?
Je ne sais pas, car en fait je ne comprends résolument pas ce type d'attitude.

À chacun sa nature et pourvu que les ours restent dans leur tanière en hibernation prolongée, bien que ce soit actuellement le printemps.
Chacun à sa place et que personne n'envahisse l'espace vital dédié à l'autre.
Les différents exemples de vie nous laissent la possibilité de nous forger notre propre opinion face à de telles situations désagréables.
Rappelons aussi ce qu'est une opinion : entre la connaissance et l'ignorance. Merci Platon.
Mais ce « descendant » de son nom a un fidèle ami, tout aussi con. Normal, ils font partie de la même famille, il se prénomme « acariâtre ».

Celui-ci pollue l'air, diffuse son négatif, il est désagréable et très difficile à supporter.
Vous le connaissez aussi.
À qui profite le crime ?

Ma première expérience dans le monde du travail, enfin celui de la restauration, exposée aux autres m'a mise au pli dès le premier jour.
Il aurait été préférable pour moi d'avoir juste une supérieure hiérarchique, la serveuse en charge de ma courte formation, un peu plus pédagogue et simplement explicite.
Il n'en fut rien. C'était pourtant mon premier jour et son attitude désagréable laissait entendre que je devais tout deviner.
Dès mon entrée dans le restaurant lors de mon embauche, je compris que mon physique lui posait un problème, car elle avait les yeux revolver.
Je n'y suis pourtant pour rien car je n'ai pas choisi mon corps dans un catalogue, ni la couleur de mes yeux et cheveux non plus, on est comme on naît.
Je n'ai jamais compris cette méchanceté automatique de la part de la gent féminine à mon égard et depuis toujours.

Je suis brune aux yeux marron et plutôt naturelle ; elle était blonde aux yeux bleus et très fausse.
Elle était plus corpulente et plus grande que moi, mais de par son physique et son attitude, elle me fit comprendre qu'ici c'était elle qui décidait et que je n'avais qu'à bien me tenir.
Pour la mise en place que je devais normalement faire en salle comme la direction me l'avait décrite lors de mes deux entretiens préalables d'embauche, elle en décida autrement, profitant de l'absence matinale de la directrice de salle et m'ordonna d'exécuter toutes les tâches ménagères qui, je pense, devaient

être dans son programme, mais qu'elle me refila bien volontiers.
Bienvenue au camp militaire.
Elle me surveillait sans cesse et venait critiquer mon nettoyage en m'arrachant des mains le papier nettoyant, histoire de me montrer comment on nettoie des vitres par exemple.
Elle me prit ensuite le torchon des mains lorsque je m'attaquai à la poussière. Bref, rien de ce que j'entreprenais ne lui convenait.
Honnêtement, de ce côté-là, elle n'avait absolument rien à m'apprendre puisque j'avais pour habitude d'aider, depuis toujours avec plaisir et non sous la contrainte, ma mère aux tâches ménagères habituelles pour entretenir notre intérieur.
Pendant qu'elle m'aboyait dessus, je me demandais quel grade j'allais porter ou si elle avait décidé sans concertation de transformer ce magnifique établissement en camp disciplinaire.
J'obéissais, m'exécutais sans moufter, mais mon inquiétude se portait surtout sur le fait qu'elle laissait s'écouler volontairement ce temps qui me semblait précieux avant l'arrivée des clients, sans me montrer où était rangé le matériel dont j'aurais besoin pour honorer ce fameux premier service, je ne savais ni où étaient les couverts, les verres, les serviettes, les assiettes de présentation, les limonadiers, les boissons… ni l'organisation du passe en cuisine.
Pire encore, elle ne me donnait pas les numéros de tables.
C'est comme dire à un combattant d'aller au front sans arme.
Vicieusement, elle attendrait la dernière minute pour que je ne les retienne pas, mais c'était sans compter sur ma mémoire d'éléphant.
J'observais sa stratégie minable, car de toute évidence pour elle, ce jour-là, elle n'avait absolument pas en tête la satisfaction du client. Non, elle s'était fixé pour

mission de me ridiculiser en espérant fortement que je me trompe de tables lors de l'envoi des assiettes.
Alors, je lui demandais après avoir réalisé ses corvées où se trouvaient les lavabos pour que je puisse les nettoyer, elle fut surprise et me demanda :
– Comment sais-tu que tu devais laver les toilettes ?
Je pris un air d'abrutie et lui dis :

Au fond de moi, je me disais, devine ?
(À question absurde, réponse absurde.)
– Oh, juste comme ça, je pense qu'il serait bien que ce soit moi qui les fasse pour l'hygiène des clients.
Bizarrement, ça lui cloua le bec et du coup je profitai de ce court moment où elle avait baissé la garde pour aller saluer la cuisine, qu'elle m'avait interdit d'approcher.
Vous avez bien compris pourquoi ?
Pour qu'ensuite me soient reprochés mon impolitesse et mon manque d'éducation décidés par Madame le bourreau.
Une calculatrice de pacotille.
En fait, c'était la mère Fouettard.
Je profitai de cet instant de liberté éphémère pour saluer un à un tous les membres de l'équipe en cuisine, mais pour surtout approcher directement le chef et lui demander s'il pouvait lui-même me donner les numéros de tables et me montrer leur emplacement.
C'est ce qu'il fit avec plaisir, et c'est donc ensemble que nous arrivâmes en salle. Au fond de moi, il m'était difficile de me retenir de rire lorsque je vis la tête de la médiocre, puisque j'étais en présence du patron, alors que selon elle, je ne devais surtout pas l'approcher.
Souvenez-vous, j'étais censée être en train de récurer les toilettes.
Elle se mordit très fort les joues lorsqu'elle nous vit ainsi instantanément complices, ses yeux ont brusquement viré du bleu au vert vipère.

Il n'y avait besoin d'aucun mot, la situation était suffisamment explicite et le chef semblait s'en amuser, moi aussi.
La guerre était déclarée.
Tant qu'à être dans son cadre militaire, autant y aller !
Dès ce moment, elle décida de ne plus m'adresser la parole.

Yes ! Gagné ! Je me suis libérée du boulet.
Je plaide bien volontiers coupable.
La chose positive dans cette histoire, c'est que cela vous apprend immédiatement l'autonomie et installe quelque chose de précieux dans votre mémoire.
Par exemple, qu'il faut toujours travailler comme si on était seul et que, quoi qu'il arrive, il faut faire face à toute situation. Cette capacité d'adaptation est capitale, non seulement dans ce métier complexe et complet, puisque l'on a à faire en direct à la nature humaine avec ses bons et ses mauvais côtés, mais aussi que jamais rien n'est acquis.
Depuis, j'ai adopté la doctrine du « mieux vaut être seule que mal accompagnée », valable sur tous les plans, qu'ils soient familiaux, sociaux, professionnels...
Ce métier est d'utilité publique, alors autant bien comprendre son mécanisme et ses composants.
Il agit comme un tampon entre les maux ressentis entre une personne et ses contraintes.
Il nous offre la possibilité d'être non seulement au service du client, mais de plus, nous sommes amenés à endosser tour à tour le rôle de psychologue, confident, agent matrimonial, pédagogue, éducateur, conseil, lorsqu'on nous le demande. Nous recueillons aussi beaucoup de confidences, qu'elles soient très personnelles, professionnelles ou conjugales.
Tous les sujets sont abordés dans les restaurants, bars et brasseries, car c'est réellement un lieu de vie, et nous, les acteurs, sommes en première ligne.

Reprenons ce premier jour : livrée à moi-même, les premiers clients entrent, avec les habitués et la clientèle de passage.
Le service démarre et se passe bien, les clients sont très courtois, comme j'aime que cela soit, et les habitués font part de leurs sympathiques impressions à mon égard à la directrice de salle assez rapidement, aussi fais-je mine de ne rien entendre.
J'étais, jusqu'alors, moi-même étonnée de ne pas avoir eu encore à esquiver un croche-pied de la part de mon « amie » ni d'avoir reçu la porte battante de la cuisine en pleine figure.
À un moment donné, je me baisse pour tenter de trouver les bons couverts qui vont me servir par la suite à redresser les plats suivants, quand je tire un petit peu trop le tiroir de la console.
La terreur était juste derrière moi à ce moment-là, elle avait dû me porter le mauvais œil et son vœu de m'afficher devant toute la salle venait enfin d'être entendu. Je le lui avais exaucé sur un plateau.
Le sol était recouvert d'une moquette qui justement sert bien à cela, à savoir absorber les bruits au maximum. Il est vrai qu'il n'y a pas meilleur isolant phonique en complément de la somptueuse tenture qui habillait les murs, mais les couverts tombés ensemble ont fait un tel bruit, au vu de leur quantité, qu'un silence s'est fait entendre en salle et tous les regards se sont tournés vers moi.
Moi qui aime la discrétion, j'avais gagné mon ticket d'entrée pour une affiche au tableau des erreurs commises sous le nom de *Pierrette Richard* (non, je plaisante.) Mais si je réitérais ce genre d'incident, cela aurait été plutôt fâcheux pour quelqu'un qui se destine à faire du service et surtout apporter des boissons et plats chauds à table.
L'heure de sa vengeance avait enfin sonné. Aussi rouge qu'une tomate, elle s'approcha de moi, les deux

mains sur les hanches et prit un malin plaisir à souligner mon erreur en disant à voix haute :
– Tu n'as pas besoin de ça pour te faire remarquer !
Mais, comme il y avait beaucoup de monde en salle, elle essayait tant bien que mal de prendre un air pas si méchant que ça.
Mauvaise comédienne qu'elle était, son manque de naturel n'échappa à personne et je pense qu'elle aurait bien aimé m'attraper par le col et m'en coller une. Dommage pour elle, car il y avait beaucoup trop de témoins.
Elle se pencha pendant que j'étais accroupie en essayant de ramasser au plus vite tous ces couverts, et me glissa, les dents serrées :
– Tu as intérêt à te dépêcher sinon c'est ton premier et ton dernier service ici !
Je m'exécutai aussitôt, non pas pour elle mais pour les autres collègues qui auraient eux aussi besoin de ces couverts pour assurer le bon fonctionnement du service.
Elle profita de mon absence, pendant que j'étais à l'office pour ne pas déranger les cuisiniers afin de laver à nouveau tous ces couverts puisqu'ils étaient tombés au sol, pour tenter un lavage de cerveau auprès de la directrice de salle, essayant de la convaincre qu'il fallait absolument se séparer de moi.
Je l'appris par la suite à mon retour en salle, auprès d'un client qui était aux premières loges et avait tout entendu de cet échange, puisqu'il était installé avec ses collègues à la table juste à côté du bureau de la directrice.
Celui-ci eut la gentillesse de me mettre en garde. Il me prévenait de faire très attention à moi, de la jalousie visible de ma collègue, pensant me donner une information, que je venais de me faire une nouvelle amie.
Mais par politesse, je ne dis rien sur la matinée ultra-joviale qu'elle m'avait réservée.

J'ai trouvé cela très sympathique de sa part parce qu'en tant qu'habitué des lieux, il avait préféré se ranger de mon côté plutôt que de celui de ma supérieure.
Enfin, vous m'avez compris pour ce qui concerne le plan de la hiérarchie.
Pas pour longtemps ; car à force de se retrouver avec des bâtons dans les roues, on apprend à une vitesse accélérée et un jour, il arrive que l'élève dépasse le maître.
D'ailleurs, d'autres clients vraiment gentils avaient pris l'initiative de transmettre leur satisfaction quant au reste de mon service en appuyant sur le fait qu'ils espéraient que la maison me garde et qu'ils souhaitaient me revoir dans ces mêmes lieux.
J'en ai entendu un autre dire à ma directrice :
– Vous savez tout le monde a débuté un jour et il n'y a que ceux qui ne font rien qui ne commettent pas d'erreurs.
Il a bien fallu que l'on commence tous un jour.
Mes avocats étaient bien présents en salle ce jour de première audience et leur plaidoirie ne me laissa pas indifférente.
Ces témoignages me touchaient tous immédiatement tandis que le cerbère m'avait punie au coin, c'est-à-dire à la plonge pour que surtout je n'apprenne rien d'une fin de service, de l'encaissement et du redressage.
Il faut savoir qu'en restauration lorsqu'on vous colle à la plonge alors que ce n'est pas ce poste que vous visez, cela veut dire que vous ne faites pas l'affaire.
Être reléguée sur le banc de touche pour si peu me paraissait surdimensionné mais je n'avais pas le choix.
Je tenais vraiment à obtenir ce poste, qui, je le savais, était ma clé d'entrée dans ce monde nouveau pour moi, je contenais mes larmes.
Précisément à cet instant, j'ai pensé que je n'aurais aucune chance que l'on accepte de me garder dans cet

établissement puisqu'elle m'avait mise à présent loin des yeux et elle pouvait déployer son plan d'influence pour tenter de convaincre la directrice de salle que je n'étais pas celle qu'elle recherchait.

Consciente, mais impuissante, puisque j'assumais évidemment le crime que je venais de commettre : la chute de cette trentaine de couverts sur la moquette. Mais si elle savait ô combien cette punition m'a rendu service !
Pendant que je lavais l'immense quantité de vaisselle qu'est la multitude de verres, tasses, sous-tasses, théières, verrines, porte-douceurs, petites cuillers... je voyais que les cuisiniers passaient de temps en temps la tête en me témoignant leur solidarité, car la nouvelle n'avait pas mis plus de dix secondes pour arriver aux oreilles du chef et de tous ses coéquipiers en cuisine.
Pendant ce temps, tous m'avaient manifesté leur soutien, chacun à sa manière.
On ne quitte pas la cuisine en plein service, tout comme on ne quitte pas la salle en cours de service comme j'étais en train de le vivre, pour moi cela s'apparentait à un abandon de poste.
C'est une marque de non-confiance terrible et lorsqu'elle m'a ordonné de quitter la salle, elle avait pris le soin de me dire qu'elle était le bras droit de la directrice de salle et m'avait laissé croire en insinuant que l'ordre venait d'elle. Elle avait su employer très peu de mots, mais ils étaient très efficaces. Elle sut me convaincre.
Et quand bien même je ne l'eus pas crue, c'était mon premier jour et je faisais ce que l'on me demandait de faire.
Plus tard, je compris que ce n'était qu'à sa propre initiative et qu'elle avait profité du manque de disponibilité de la directrice, laquelle, bien occupée à

remplir son rôle en salle, ne s'en est rendu compte que vers la fin du service et me demanda pourquoi j'avais quitté la salle ainsi.
Je reviendrai tout à l'heure sur la suite positive de cette histoire car pour le moment, 22 v'là les...

La Crim'

C'était il y a un bail, mais quand on vit cela, on ne l'oublie pas.
Je me souviens d'une belle journée comme on les aime tous, il fait beau, le ciel est bleu et si nous n'étions pas au bord du périphérique, j'aurais ajouté que les oiseaux chantaient.
Une atmosphère de bien-être règne, le service a démarré.
Les clients sont sympas, l'ambiance est bonne.
Tout va pour le mieux.
À l'heure du déjeuner, une femme entre dans le restaurant et me demande s'il est possible de recevoir un groupe d'une vingtaine de personnes et en plus de visiter le restaurant.
Je m'en souviens comme si c'était hier. Elle était belle, brune, les yeux noisette et élancée. Un peu plus de la quarantaine, et très courtoise.
N'ayant guère le temps puisque vraiment en plein coup de feu, je l'invite alors à aller visiter (sans ma présence) pendant que je lui prépare les propositions de menus qu'elle pourra emporter.
Elle n'y voit absolument aucun inconvénient et me dit que ça ne prendra qu'une minute.
– Parfait, me dit-elle, et à très bientôt.
Elle quitte l'établissement et dans les cinq minutes qui suivent, la porte s'ouvrit et tel un bloc, mais linéaire

(une colonne), une dizaine de personnes entre dans le restaurant, chacune une main posée sur l'épaule de celui ou celle qui le précède.
Entre parenthèses, j'ai trouvé ça magnifique tellement tous étaient bien coordonnés.
Une fois au fond du restaurant, parvenus dans la dernière salle, ils s'écrient : « Police ! Plus un geste ! Les mains en l'air ! » comme dans les films. Mais là c'était réel.
Tous l'arme au poing, le bras bien tendu vers un client qui occupe avec ses amis une table de quatre couverts.
Je me retrouve écartée et plaquée contre le mur, complètement abasourdie.
Et à ce moment-là, un client qui déjeune avec des collègues d'un célèbre groupe de cosmétiques me dit :
– C'est la Crim'. Je reconnais cette femme, elle fait partie du « 36 ».
Cette fameuse jolie femme qui était venue visiter le restaurant quelques minutes auparavant, vous vous souvenez ?
Je lui demande :
– La Crim' ? Vous êtes sûr ?
– Oui, oui parfaitement, je la reconnais bien.
Je me demande alors quel rapport il peut y avoir entre ce monsieur qui déjeune avec ses collègues et la police criminelle.
Mais vous vous souvenez du titre de ce livre, évidemment je n'ai pas osé le lui demander ; mais il avait l'air parfaitement serein.
L'individu est interpellé, menotté et évacué.
Ouf… il n'y a pas eu de coup de feu.
Dans la première salle, ce jour-là, déjeunait un ex-candidat aux municipales ayant séjourné à la Santé et lorsque la tension est retombée, il s'est adressé d'une voix haute à la police, en leur disant :
– Pour une fois que ce n'est pas pour moi !

Toute la salle a éclaté de rire, même la police.
Évidemment, la cheffe de groupe s'est excusée du désagrément causé et a eu l'élégance de m'expliquer pourquoi il leur a fallu agir si vite et ainsi.
J'ai trouvé cela particulièrement sympa de sa part, car elle n'était pas obligée de le faire.
Malgré la situation peu commune, il fallait continuer le service.

Quand tout à coup, alors que je desservais une table, un client s'est adressé à moi en insinuant clairement que je devrais savoir quel malfrat je recevais.
Comme si les voyous à col blanc s'annonçaient ; ou bien voulait-il dire que je devais demander à chaque client un extrait de casier judiciaire ?
J'ai voulu lui répondre : et vous, Monsieur, êtes-vous sûr de bien connaître chaque personne que vous côtoyez ?
La courtoisie étant de rigueur, j'ai à peine eu le temps de prendre mon inspiration qu'un Superman, présent en salle ce jour-là et en tenue civile, s'est chargé de lui fournir une réponse à faire taire le plus bavard d'entre nous.
Comme j'étais satisfaite, en guise de réponse, je lui ai fourni un joli sourire d'abrutie, mais il faut avoir le regard qui va avec.
C'est drôle d'ailleurs, car parmi les hommes présents ce jour-là lors de l'interpellation, il y avait un jeune policier du commissariat de Clichy qui aujourd'hui a intégré la BRI[2].
Et il n'y a pas si longtemps que cela, il a évoqué ce jour-ci en se souvenant même de l'année, j'ai trouvé cela fabuleux et lui ai dit qu'apparemment je n'avais pas été la seule que cela avait marquée, et c'était il y a des lustres pourtant.

---

[2] BRI : Brigade de Recherche et d'Intervention.

J'ai pu constater que, comme pour moi à ce jour, nous avions une mémoire intacte et vraiment précise sur le souvenir d'évènements marquants.

Mais la Crim', j'avais eu également l'occasion de la découvrir plusieurs années auparavant, de manière totalement inattendue. Je n'avais guère plus de la vingtaine et à cette période, j'étais responsable de salle dans un établissement parisien renommé situé dans le VIIIe arrondissement.
J'eus l'occasion de ce fait de découvrir le mythique 36.

Je quittai le restaurant l'après-midi sous une pluie battante et courus m'abriter dans ma voiture stationnée non loin de là lorsque j'écoutai ce message laissé sur mon téléphone, pour lequel je crus au départ qu'il s'agissait d'un canular.
– Bonjour Mademoiselle, police criminelle de la PJ de Paris. Veuillez nous rappeler à tel numéro aussitôt après que vous aurez pris connaissance de ce message.

Malgré une oreille très développée, je réécoutais ce message pour tenter de reconnaître l'éventuelle voix d'un copain qui se serait prêté à ce jeu-là en me demandant de le rappeler au plus vite, pour savoir qui je devais rappeler, mais cette voix ne me disait strictement rien.

J'appelai donc et, à l'autre bout du fil, il s'agissait bien d'un policier et lui n'avait pas l'air de plaisanter du tout.
N'ayant absolument rien à cacher ni à me reprocher, je lui demandai s'il n'y avait pas erreur sur la personne, mais il m'indiqua mon lieu de travail et le poste que j'y occupais ainsi que l'adresse précise de mon domicile en ayant l'air de me demander confirmation de ceux-ci.

Il n'y avait donc aucun malentendu possible jusque-là. Puis il me dit que je devais me rendre au 36, quai des Orfèvres le plus rapidement possible.
Cette façon claire de venir expressément ne me rassura pas du tout.
Le ton employé n'était ni méchant ni sympathique, mais il était ferme.
En raccrochant je me demandai ce qu'il allait bien pouvoir me tomber sur le coin de la figure, ne voyant absolument pas ce qui pouvait m'être reproché, et l'intonation du policier m'avait inquiétée.
J'appelai aussitôt mon petit copain qui n'est autre que celui qui deviendra mon mari. Jérôme rappliqua aussi vite qu'il le put afin de m'accompagner libre dans cette institution.
Sur le chemin, je me souviens lui avoir dit que j'aimais bien les oranges, mais qu'elles pouvaient aussi s'avérer trop acides pour mon organisme.

En attendant qu'il arrive, j'avais tout de suite, après avoir raccroché, appelé mes parents pour les prévenir de ce message laissé par le policier, ma mère éclata de rire et me dit :
– Toi ? Convoquée par la police ? C'est impossible.
Je lui affirmai que, là, pourtant, c'était bien moi qu'il voulait entendre, et confirmai à maman que j'avais accepté cette invitation pour une audition imminente au 36.
J'avais essayé de ne pas trop inquiéter ma mère au téléphone, mais elle me connaissait trop bien.
En fait, je ne savais même pas trop quoi lui dire avant de raccrocher car je me dirigeais vers l'inconnu.
Je ne pus que lui promettre de la rappeler dès que cela me serait permis.
Nous y voilà donc, après avoir monté ces marches qui me rappelaient le collège Gay-Lussac de Colombes.
On nous demanda de patienter là, le temps que le policier qui m'avait appelée soit disponible.

Et pendant ce temps, Jérôme et moi avions remarqué le manège des uns et des autres qui nous jetaient un coup d'œil furtif au passage, l'air de se questionner.
Je voyais dans leur attitude : est-elle coupable ? Ou non coupable ?
Nous étions silencieux et je me demandai à quelle affaire je pouvais bien être mêlée, il s'agit là de la Crim' quand même !

Enfin vint mon tour, j'allais à présent découvrir de quoi il s'agissait.
Je remarquai les deux bureaux dans cette pièce mansardée où il y avait une fenêtre à demi ouverte au plafond, ce Velux était entrebâillé, la pluie s'étant arrêtée.
Le premier bureau gris et toute cette pièce, à dominante grise, étaient juste à gauche à l'entrée de cette salle, pas très glamour, où était assis un policier en jean et tee-shirt sombre.
Je remarquai tout de suite son catogan.
C'est lui que j'avais eu en ligne.
Il me semble, si ma mémoire est bonne, qu'il s'agit de ce même policier que j'allais avoir l'occasion de connaître plus tard dans de meilleures conditions que l'inconfort de cette situation.
Il me demanda de m'asseoir seule et précisa que Jérôme devrait attendre à l'extérieur.
Le deuxième bureau était lui derrière moi et tout au long de mon audition des policiers, tous de jeans vêtus, entraient et sortaient de ce bureau, tendant l'oreille quant à mon récit.
Je me souviens que j'avais été très étonnée qu'ils portent tous un jean, j'imaginais que dans un tel endroit j'allais pouvoir parfaire mes notions de grades sur les uniformes, mais non visiblement, ce n'était pas le bon endroit ni le bon moment pour cela.
Au fond de moi, je me disais : « Ce n'est pas une tenue pour travailler dans un bureau, ça ! »

Bref, le défilé de mode masculine n'était pas le thème du jour non plus.

Alors, après m'avoir fait confirmer mon identité et poste, il me demanda ce que j'avais fait dans la nuit du tant au tant.
Pas difficile de fournir une réponse puisque lorsque, le soir, je quittais le travail, c'était pour me rendre directement chez moi.
(Je ne m'accordais pas de sortie en semaine pour être justement en forme au travail.)
– D'accord, mais en fait cela ne suffit pas comme réponse. Qui peut témoigner de ce que vous me dites ?
– Ben... moi.
– Ça non plus, ça ne suffit pas comme réponse. Avez-vous emmené quelqu'un à bord de votre véhicule à l'issue de votre service ?
– Non.
– Y a-t-il des témoins qui peuvent confirmer cela ?
– Ben non, je ne crois pas, vu l'heure très tardive à laquelle j'ai débauché.
– ...
Ils se regardent tous. À ce moment-là, sans que je l'aie remarqué, ils étaient quatre dans le bureau à m'observer.
– ...
– Bon, connaissez-vous Un tel ?
– Non, ce nom de famille ne me dit rien.
– D'accord, alors connaissez-vous... ?
Et là, il ne me donne que le prénom et me dit qu'il est, depuis peu, très souvent au comptoir de l'endroit où je travaille.
– Ah oui, effectivement, c'est le neveu d'un des trois patrons de l'établissement.
– Qu'exerce-t-il comme profession ?
Je répondis :

– Rien, c'est un glandeur. À part le voir boire des bières les unes après les autres et tirer sur son mégot *sans le marron du filtre,* je ne l'ai jamais rien vu faire d'autre de ses dix doigts.
– Quels sont vos rapports avec ce jeune homme qui a votre âge ?
– Aucun ! Il me fait peur, il a quelque chose de louche dans son regard. Ses yeux bleus ne m'inspirent aucune confiance.

Effectivement, il était grand, blond aux yeux bleus et relativement sec, mais…
– Vous est-il arrivé de sortir boire un verre avec lui, ne serait-ce qu'une fois ?
– Absolument pas, et pourtant il a tenté à plusieurs reprises et même lorsqu'il me demandait juste de le déposer, je lui ai toujours raconté la messe en lui expliquant que des potes m'attendaient au coin de la rue et que, par conséquent, je n'avais pas de place pour lui dans ma voiture.

Quand on dit qu'il ne faut pas mentir, eh bien là, ce sont ces mensonges qui m'ont laissé la vie sauve, je crois.
Il existe le mensonge par omission, mais le mensonge par obligation aussi.
Et là, je me félicitais d'avoir écouté cette petite voix intérieure qui me mettait en garde contre ce garçon.
Je me disais ; à visage d'ange, un démon sommeille.
Pas faux, carrément juste même.
Alors, à présent, deux policiers étaient placés devant moi et le second me demanda si je connaissais… lorsqu'il prononça le prénom de cette jeune fille, je compris enfin ce qui m'attendait.

Évidemment, c'est la mineure qui l'accompagne (elle est sa petite amie d'après ce que je viens de

comprendre) et elle est avec une copine. Elles ont toutes deux seize ans et si j'ai bien entendu, juste hier soir, elles auraient toutes deux fugué et elles viendraient de Lyon ou de Beaune, je crois.
Mais je ne suis pas sûre d'avoir bien tout entendu de l'explication qu'il fournissait à son oncle pour lui extirper quelques billets sans travailler au restaurant bien sûr.

L'ambiance se décontracta d'un coup, les quatre policiers étaient autour de moi.
Tiens... et si j'arrêtais là pour faire durer le suspense... ?
Il fait chaud au soleil, je vais aller me rafraîchir en buvant tranquillement une grenadine à l'eau puis je poursuivrai.

... Hum... comme c'est rafraîchissant effectivement.

Poursuivre... euh oui, mais non pas cette poursuite-là.
Allez, je continue.
Car, c'est précisément un moment charnière dans l'existence où le professionnalisme fait pencher la balance dans le bon sens ou pas.
Et moi, je connais à présent la personne à qui je dois ma liberté justement grâce à son professionnalisme.

Après son passage aux Stups[3] puis à la Crim', l'homme au catogan est aujourd'hui à la direction d'un noble service qui, longtemps dans le passé, n'était pas vraiment pris au sérieux, justement à l'époque du vieux 36.
Tout est une question de mœurs et les mœurs n'évoluent malheureusement pas toujours dans le bon sens.
Depuis, les travers des gens s'étant amplifiés, les limites étant sans cesse repoussées, celui-ci a désormais trouvé sa vraie place dans la société.

---

[3] Stups : Stupéfiants.

L'atmosphère s'est alors apaisée, car les policiers ont compris à qui ils avaient affaire, et m'ont expliqué que cette jeune fille avait témoigné contre moi, disant que j'étais partie ce fameux soir avec son copain qui serait monté dans ma voiture.
Elle était formelle et avait même décrit ma tenue vestimentaire pour avoir l'air plus crédible.
Ça aussi, c'était relativement facile, je travaillais en tailleur noir, chemise blanche et talons hauts noirs.

Jusque-là, rien de trop grave, hormis le fait que, lorsque vous êtes convoquée par la Crim', ce n'est pas pour enfiler des perles.

Cette peste à qui je n'avais jamais adressé la parole, si ce n'est « bonjour », avait délibérément fourni un faux témoignage à mon encontre ; gravissime, en fait.
Les policiers ont eu le tact de me relater le drame qui s'était joué la veille, sachant que pour tenter de disculper son copain, elle avait eu l'intelligence de m'inclure dans ce dossier macabre.

Quand je vous dis que je n'ai jamais eu de bonnes ondes avec la plupart des femmes et combien il est préférable d'être seule plutôt que mal accompagnée !
Une situation qui n'est pas à prendre à la légère, car c'est parole contre parole.

Les policiers m'ont alors confortée quant à ma façon de faire avec ce jeune homme et les distances que j'avais mises en place à son égard, ils m'ont déclaré que j'avais bien fait de suivre mon instinct.

Il s'est avéré que ce garçon au visage d'ange avait tout simplement suivi un client américain qui venait de quitter ce restaurant pour rejoindre sa chambre d'hôtel, l'avait bousculé alors que celui-ci était en train d'ouvrir la porte de sa chambre puis l'avait étranglé avec le cordon du téléphone pour… lui voler ses chaussures.

Triste fin pour un brave homme qui s'est vu ôter la vie par un cancre qui a croisé sa route.
Les policiers m'expliquèrent par ailleurs que je ne reverrai pas tout de suite mon patron, qui était – souvenez-vous – son oncle. Ce dernier était entendu afin d'obtenir le maximum d'éléments pour une perpèt' très prochainement annoncée du satyre…
Puis ils ouvrirent la porte et invitèrent Jérôme au sein de ce même bureau pour qu'il soit au fait de cette mésaventure concernant ma déclaration qu'ils avaient l'obligation de vérifier pour n'écarter aucune piste.

Incroyable de voir à quels détails peut se jouer votre liberté sans que vous ayez rien demandé à personne. La vie n'est pas un long fleuve tranquille comme l'annonce pourtant le titre du film.
Lorsque mon patron concerné fut enfin remis en liberté, il était effondré et avait pris dix ans d'un coup. Il répétait en boucle :
– Meurtre, il a commis un meurtre ! Meurtre, il a commis un meurtre !…
Le choc était difficile à digérer, il lui avait ouvert sa porte, l'aidait financièrement sans contrepartie, ils se baladaient ensemble dans Paris, se faisaient des virées nocturnes entre hommes…
Il pensait qu'il ne manquait de rien, en fait dans sa tête, il manquait de tout.
Je le revois au bout de ce zinc en train de se prendre la tête à deux mains et nous dire qu'il n'avait rien vu venir, que selon lui, son neveu était, certes, un branleur, mais qu'il n'imaginait pas qu'il était tordu à ce point.
Quels mots trouver pour réconforter quelqu'un à la suite d'un tel drame ? Aucun !

Rien ne me vint à l'esprit.
De fait, le détournement de mineur et le reste paraissaient tellement dérisoires qu'il mit un moment ce soir-là à réaliser que j'avais failli *tomber* pour complicité de meurtre.

À force de se refaire le film, il finit par se rendre compte qu'effectivement, il avait pu constater avec étonnement, la force physique qu'avait son neveu malgré sa minceur, lorsque la semaine passée, celui-ci l'avait aidé à arracher la moquette du restaurant avant que l'entreprise chargée de changer celle-ci ne s'en occupe. Il avait été surpris, mais de là à s'imaginer qu'il ferait un jour un tel usage de sa force.
Vivre une situation pareille d'aussi près change le regard que l'on peut avoir sur l'humanité.

Quelle histoire !

La mythomanie

Je pense que c'est la maladie du siècle.
Sa voie vous conduit très souvent sur de vastes chemins encombrés par la bipolarité, la sournoiserie excessive, mais aussi vers la cruauté avide...
La liste est beaucoup trop longue pour que je vous fatigue inutilement les yeux sur un sujet à ce point fastidieux.
On en souffre tous sur le plan personnel et professionnel.
Je ne m'épancherai donc pas sur ce thème tellement il m'exaspère et me détourne de ceux qui n'ont que cela à me proposer.
J'imagine que je ne suis pas la seule à agir de la sorte.
Je tourne alors très vite les talons car je considère que c'est une immense perte de temps, la vie est beaucoup trop courte pour s'encombrer la tête de futilités venant tout droit d'un monde parallèle.
Dans ces moments-là, ma patience, que j'ai longtemps crue sans limites, ne l'est plus, et ma qualité d'écoute se met aux abonnés absents. J'ai croisé un bon nombre de personnes qui, je crois par ennui dans leur propre vie, ne savent rien faire d'autre que de se construire un imaginaire.
La vérité finit toujours par se révéler à vous avec le temps, bien que parfois nous pouvons tous être comme enfarinés temporairement, puis de nouveau

éclairés au moindre courant d'air un peu plus soutenu, se présentant occasionnellement sous un jour inattendu. Cette fameuse vérité. Lorsque trop pesante car maladive, la mythomanie s'apparente à la consumation d'une bougie qui risque de s'éteindre au moindre éternuement.

Gentrification 010163

Code barre, code secret ou date de naissance ?
À chacun sa compréhension et son interprétation.
La mémoire, la connaissance, l'observation ne sont-elles pas là pour nous éclairer ?
Pour ma part, ce mot je ne le connaissais pas avant de le découvrir, il n'y a pas si longtemps dans un livre du sympathique auteur qu'est Claude Cancès, dont je fis la connaissance et qui eut la gentillesse de parler de mes feuilles de chêne préférées situées juste de l'autre côté du périphérique.
Préféré lui aussi, car il est le tout premier à être venu déjeuner dans notre établissement en éclaireur, avant même que le bâtiment soit en fonction, et que le déménagement ait lieu, cela je ne l'oublie pas !
Laissez-moi vous raconter notre première rencontre.
Ce monsieur, qui déjeunait incognito, m'a semblé à la fois original et très cordial au cours du repas. Il déjeunait à la table numéro 6 du côté droit de celle-ci, c'est-à-dire qu'il avait vue sur l'entrée du restaurant.
Je profitai du court instant où la personne qui partageait sa table partit se laver les mains en fin de repas pour l'approcher et lui demander de quelle brigade il faisait partie.
Il me regarda l'air très étonné et me dit :
– Mais comment savez-vous cela ?

Avec ma main, je fis le signe d'un geste circulaire contournant mon visage.
Il rit, et à ce moment-là, la personne revint et lui dit :
– Ça y est tu lui as dit ce que tu faisais ?
Il lui répondit que non et sourit en me disant que c'était bien la première fois que cela lui arrivait dans un restaurant.
J'adhérai aussitôt à son phrasé peu commun et à ses intonations de voix originales qui me font toujours sourire aujourd'hui.
Il est le seul à prononcer mon prénom d'une façon particulière et très drôle.
Oui, cela aussi je l'ai perçu très vite, cet indispensable besoin de légèreté qui rend l'insoutenable un peu plus supportable et la nécessité de débrancher la prise le temps d'un repas, pour le bien-être de tous.
Au terme de ce sympathique échange, chacun de nous se présenta à l'autre et c'est ainsi que cet agréable moment détermina ce qui s'ensuivit, pour ma plus grande joie.
En tant que client toujours très agréable, mais avec ce brin de fermeté palpable, un jour il dut ressentir mon intérêt envers ce nouveau poumon central de la police judiciaire de Paris et je lui demandai si les locaux lui plaisaient et s'il était confortable d'y travailler au quotidien.
Nous étions un mercredi, il eut alors la gentillesse de nous convier, mon époux et moi, le vendredi suivant, à la visite complète de son magnifique service qu'il organise tel un chef d'orchestre avec quatre-vingts chœurs à coordonner.
Comme j'apprécie les personnes qui tiennent leurs promesses.
C'est à mes yeux une qualité précieuse, car elle qualifie instantanément la personne que l'on a face à soi.
J'ai apprécié, savouré, j'étais aux anges tout au long de cette découverte.

Cet homme eut la courtoisie de nous présenter à ses collègues les uns après les autres, visite pendant laquelle je n'ai pas perdu une miette.
Chaque poignée de main donnant droit à un regard franc appuyé pour la transmission d'un message silencieux parfaitement limpide, j'adore.
J'ai beaucoup apprécié sa passion envers une véritable vocation qui ne laisse pas la place à l'à-peu-près.
Être dans les entrailles d'un service dédié à la protection d'âmes innocentes ne laisse pas indifférent.
De cet immense bureau lumineux, de cette force tranquille, de ce partage de moment de vie, je n'oublierai rien, tout ceci est gravé dans ma mémoire.
Respect, respect, respect à chacun de ses collègues et à lui-même qui désigne le cap à suivre pour affronter au quotidien les côtés les plus pervers de la nature humaine tout en préservant la santé mentale de ses collègues.
Collègues que je découvre au fur et à mesure de ma visite d'autres services et qui pour beaucoup sourient lorsqu'ils voient ses deux pièces de deux euros collées sur un micro-fauteuil décoratif blanc l'une à côté de l'autre, « 22 », sympathiquement offertes suite à cette visite avec une magnifique photographie d'époque de notre établissement en noir et blanc qui était déjà un restaurant en cette période si éloignée, cette carte postale oblitérée d'un tampon datant de 1913.
C'est drôle non ?
1913 : date de la création de la police judiciaire de Paris.

Je doute que ce monsieur se souvienne de cette première rencontre, mais son attitude fut à mes yeux déterminante car je l'ai apprécié aussitôt. Pour certains, il faut des mois, voire des années pour savoir si le courant passe ou non avec une autre personne ; ce n'est pas mon cas.

La vie est trop courte et ce temps qui nous échappe ne me laisse pas la possibilité d'être autrement que sans filtre.
Un véritable gain de temps.
01 : Le premier
01 : du premier mois
63 : de l'année où… une vocation est née.

Pas d'oubli possible lorsque votre amie adorée s'appelle mémoire.
Parfois, la vie peut vous éloigner temporairement ou définitivement des gens que vous aimez de la manière la plus absurde, mais aussi la plus brutale qu'il soit, alors restons simples.
Ainsi va la vie.
Quant à la gentrification de la population concernant le secteur de la porte de Clichy et du quartier Batignolles dans le XVIIe arrondissement de Paris, nous l'observons depuis vingt-cinq ans avec la présence accrue des grands groupes et des grandes enseignes qui s'installent à Clichy et aux environs, grâce à l'attrait des avantages qu'offre, entre autres, la proximité de Paris.
Assurément, elles se complètent avec cette palette de couleurs déjà en place sur le tableau.
Tableau dans lequel aujourd'hui se trouve le somptueux tribunal de Paris dessiné par le talentueux Renzo Piano.
Évidemment, il est l'objet de nombreuses controverses. Je le défends toujours, en rappelant qu'il est tout de même le plus grand tribunal d'Europe.
Rien que ça ! Alors, s'il vous plaît, un peu de respect envers toutes les entreprises qui ont œuvré pour que ce monument, tout aussi colossal qu'élancé, représente les trois couleurs de notre drapeau.
Évidemment, il y a toujours les avis pour ou contre de tels projets faramineux, mais rien n'empêche de reconnaître la performance réalisée.

Avec ses 160 mètres de haut et ses 160 mètres de large à sa base, il est le nouveau repère parisien, c'est ainsi, car nous le voyons de loin et de partout.
Je l'ai vu naître puis montrer le bout de son nez dépassant jour après jour la hauteur du périphérique, j'ai adoré être le témoin direct de ce bel ouvrage, une idée géniale avait été apposée sur le chantier en construction où l'affiche digitale lumineuse indiquait le nombre de mètres ajusté en permanence grâce à l'ingéniosité des maîtres d'œuvre.
Les bâtisseurs adoraient venir se restaurer chez nous, leur fidélité nous a beaucoup aidés car nous étions le seul commerce de cette gamme ouvert dans toute cette zone en construction.
Certains nous sont restés fidèles malgré l'éloignement de leurs chantiers actuels, ces mêmes qui nous proposaient la visite de celui-ci en pleine construction, un privilège.

J'ai adoré assister à ces nombreuses réunions de chantier organisées au restaurant, d'être au fait de toutes les difficultés à surmonter étant incroyablement intéressant.
Je me souviens également du récit du chef des pompiers de Paris qui avait en charge la mission de diminuer au maximum le temps d'évacuation du chantier avec toutes les difficultés que cela représente.
Il fallait passer des 12 minutes nécessaires pour évacuer la totalité du personnel travaillant sur le chantier à 9 minutes.
Je n'en revenais pas, 9 minutes ? Incroyable.
À force d'entraînement et de persévérance, de réflexion, d'études de plans…
Il fallait analyser toutes les pistes et n'en négliger aucune pour grappiller ces quelques secondes par-ci et ces quelques instants par-là, le but fut un jour atteint.
Les efforts paient toujours un jour !

Le professionnalisme et le courage de chacun avaient enfin payé, il était temps de venir fêter cette victoire incroyable à *La Barrière*.

J'aimerais tellement que :
Le « bleu » (pour le rappel qu'il y a toujours un petit coin de ciel bleu dans la vie de chacun), le « blanc » (pour la pureté de l'idée d'émettre le vœu de déposer les armes, quelles qu'elles soient, tel le symbole que véhicule l'agitation du drapeau en question), le « rouge » (pour la même couleur de sang qui coule dans nos veines) éclairent ce magnifique monument tout comme cela se fait pour la tour Eiffel, mais moi j'aimerais pouvoir admirer ce beau spectacle chaque soir sur la façade du nouveau Tribunal de Paris qui illuminerait toutes ces baies vitrées.
Qu'enfin l'on mette en valeur ce bâtiment hors du commun avec un coup de chapeau bien mérité en l'honneur de tous ces bâtisseurs qui ont sué sang et eau pour qu'il tienne debout grâce à une technologie des plus avancées.
Peut-être ainsi gagnerait-il un peu plus le respect et l'admiration des non-convaincus ?

Ce Tribunal de Paris, inauguré le lundi 16 avril 2018, apporte depuis une clientèle de tous horizons et les personnes qui y travaillent au quotidien, de belles rencontres, de beaux rapports de confiance et de belles relations amicales et courtoises.
Les justiciables, les uniformes, les robes noires et blanches et les familles se mêlent à la clientèle d'affaires.
J'ai une anecdote sympathique, enfin sympathique… je dirais plutôt inhabituelle, celle-ci étant directement liée à ce Tribunal. Un jour, lors d'un service du déjeuner, un client vêtu d'un très joli costume – chemise et cravate élégante – est entré pour déjeuner

seul comme cela se fait beaucoup dans une telle situation géographique avec l'extrême proximité des lieux.
Par ailleurs, connaissez-vous la symbolique d'une cravate ?
Non ?
Eh bien, cela il vous faudra le trouver tout seul car je ne peux l'écrire, enfin pas là et pas comme cela.
Alors, il m'indiqua dès son arrivée qu'il était vraiment très pressé et souhaitait que je prenne sa commande aussitôt.
– Bien, Monsieur, avec plaisir, je vous écoute.
– J'aimerais une bouteille d'eau, une salade de homard et dès que vous m'aurez apporté l'assiette, s'il vous plaît, j'aimerais que vous démarriez aussitôt la commande d'un filet de bœuf aux morilles. Est-il possible de dire au chef que je suis vraiment pressé ?
– Bien sûr, Monsieur.
Je chaussai alors les rollers skate transparents ce jour, car toute la salle était en fait très pressée, les audiences démarraient à 13 h 30 et quelqu'un avait dû bouger les aiguilles de l'horloge sans que personne s'en rende compte. Continuons à courir après ce temps qui défile pour atteindre les objectifs de chacun.

Effectivement, l'horloge avait vraiment déjà bien tourné.
Je ne prêtai pas attention à un détail qui aurait pourtant dû m'alerter de la suite car ce monsieur déposa un sac en plastique sur la table, chose que je n'avais encore jamais vue en ces lieux.

La salade de homard arriva, il la dévorait et la savourait à la fois, il était très courtois et tentait d'être discret face à cet empressement – tout en mangeant du homard, rappelons-le.
Vu la vitesse à laquelle il l'avait englouti, je m'empressai d'aller faire marcher la suite et c'est à mon

retour en salle que je le découvris debout devant mon comptoir. Alors il me demanda de l'encaisser rapidement car il devait vraiment partir sur le champ, il s'excusa mais tenait absolument à régler le filet de bœuf aux morilles dont il n'avait même pas eu le temps de voir la couleur.
Puis, tout en sortant son portefeuille, il m'expliqua que son avocat venait de l'appeler et qu'il allait en prison.
C'était la première fois que cela m'arrivait, je lui dis spontanément :
– Mais, votre avocat ne peut pas vous laisser ces quelques petites minutes supplémentaires juste le temps de savourer votre plat ?
Il me dit que non et me réclama de nouveau le montant de son dû.
Je le regardai bien dans les yeux et réalisant la situation, je lui dis qu'en fait je venais de lui servir son dernier repas d'homme libre et que par conséquent je refusais de l'encaisser.
Face à mon refus, il posa avec élégance sur le comptoir un billet de 50 euros.
Mais son visage m'étant quelque peu familier, alors je lui dis que je l'avais sûrement déjà vu ou alors, qu'il ressemblait à quelqu'un que j'aurais peut-être déjà croisé.
À cela, il me répondit très naturellement :
– Oui, c'est mon frère, il est en prison.
Je lui répondis :
– Ah bon, lui aussi ? Mais c'est de famille chez vous !
Il me sourit et me dit :
– À notre sortie, nous viendrons dîner ensemble car c'est lui qui m'a indiqué votre table.
Puis il partit, car il avait rendez-vous avec son destin.

LA NAS

Oui, il y a bien une espace et il ne s'agit pas d'organisation syndicale.
Non, il ne manque pas de lettres pour évoquer l'ananas.
J'avoue, j'ai volontairement utilisé les majuscules.
Mais, cette séquence de vie est vraiment très drôle lorsque l'on a affaire à quelqu'un d'extrêmement borné.
J'étais adolescente, avec l'autorisation de mes parents ce jour-là, je décidai d'aller m'inscrire auprès d'une permanence de la mairie de Colombes pour un stage aquatique visant à la découverte de la pratique de la planche à voile au cours d'un séjour d'une semaine sur l'île de Groix.
À mon arrivée dans la salle d'attente, il y avait une maman accompagnée de son fils, et de l'autre côté de la salle un papa avec ses deux enfants. J'étais seule munie de l'accord parental que j'avais moi-même rédigé et ensuite demandé à mes parents de signer.
Je m'assis et lus tranquillement une revue, le temps qu'arrive mon tour.
J'entendis :
– Personne suivante.
Elle aurait pu se lever tout de même, n'ayant qu'une dizaine de pas à effectuer pour accéder à la salle d'attente.

Il n'en fut rien.
J'étais à présent debout devant elle, mais elle ne m'invita pas à m'asseoir, je restai donc debout en attendant qu'elle ouvre de nouveau la bouche.
Elle me regarda à peine du coin de l'œil et me demanda mon nom.
Je répondis :
– NAS.
Elle répéta, déjà l'air agacé :
– Je vous ai demandé quel est votre nom.
Je répondis de nouveau :
– NAS.
Elle s'arrêta d'écrire et me cria dessus en me regardant d'un air fort peu sympathique.
– Vous allez répondre à ma question ? Quel est votre nom, je vous demande ?
Je répétais très sereinement :
– NAS.
Ce qui avait pour résultat qu'elle montait encore plus en température.
Elle était devenue tellement rouge que j'avais l'impression qu'elle allait exploser contre le mur.
Elle tapa du poing sur son bureau et me hurla aux oreilles que la comédie avait assez duré et qu'elle n'avait pas que ça à faire.

Mais ce que je n'avais pas vu en off, c'est qu'une très bonne copine d'enfance, Laurence P. était rentrée dans cette même salle d'attente pour s'inscrire également à ce séjour en Bretagne.

Cette fameuse copine, avec qui il est vrai je m'entendais particulièrement bien, était spéciale, discrète, à part.
Oui, vraiment à part ; si moi je l'étais, elle était encore un cran au-dessus de moi, régulièrement plongée qu'elle était dans son monde enchanté, j'adorais cela.

On voyageait souvent dans notre tête et nous avions des projets communs quant à notre avenir.
Elle, elle voulait intégrer la police scientifique.
Une vocation, par conviction elle m'invitait pour des séquences de dépeçage de grenouilles, oisillons ou rongeurs qu'elle avait elle-même capturés.
Je déclinais à chaque fois son invitation, mais elle ne m'en voulait pas.
En conséquence de quoi, elle me racontait en détail les étapes et la logique de ses découvertes.
J'avais droit à la description complète, du sang qui coule que je n'aurais pu regarder car je tourne de l'œil de manière quasi systématique, jusqu'à ses procédés de cuisson du rongeur capturé.
Cela tranchait complètement avec son physique de fille sage, car elle était chétive et avait l'attitude studieuse.
Son père occupait un bon poste chez Air France et sa maman était mère au foyer afin d'élever sa sœur Véronique qui, elle, était plutôt casanière, alors que Laurence était connectée avec ses découvertes du monde extérieur.
Malgré tout, elle arrivait à me transporter dans son monde tant elle était pointilleuse sur son apprentissage et ses découvertes qu'elle ne partageait qu'avec moi.
Équilibrée, elle n'avait rien d'une future psychopathe, elle était vraiment très intéressante.
J'aimerais bien la revoir aujourd'hui.

Elle m'avait vu alors quitter cette fameuse salle d'attente et m'approcher de ce bureau où se tenait Peggy, qui visiblement mal réveillée tenait à me faire porter le chapeau de cette journée qui commençait plutôt mal, enfin pour elle. Quant à moi, il ne me restait plus qu'à rebrousser chemin.
Ce que je ne fis pas, enfin, pas tout de suite.

Je restai calme, toujours debout devant son bureau attendant la prochaine injonction.
Elle aurait dû se doucher pour mieux se réveiller, ça lui aurait fait du bien. Son café à demi consommé était bien là sur un coin de son bureau.
Son regard, en forme d'ultimatum cette fois-ci, passa de clair à sombre, puis elle prit une longue inspiration pour m'aboyer dessus :
– Pour la dernière fois, je répète, pour la dernière fois, après ça vous quittez mon bureau ! Quel est votre nom ?
Mais le pire dans tout ça, c'est que j'avais ma carte d'identité visible dans la main.
C'est sûr que si elle avait eu les yeux décollés, elle me l'aurait alors simplement demandée, tout aurait été bien plus facile.
Visiblement, elle n'avait pas l'air d'avoir inventé la poudre, elle serra les deux poings et hurla de plus belle face à mon silence :
– Qu'attendez-vous pour me répondre ?
Un cauchemar cette femme !
Parfois, j'aimerais qu'il existe une autre catégorie alternative plutôt que le maigre choix : homme ou femme.
Car bien souvent, je ne me sens pas à ma place du côté des femmes et leur caractère bizarre que je ne m'explique pas.
Je lui dis :
– Madame, ça fait dix fois que vous me posez la même question et je vous fournirai dix fois la même réponse.
Mon nom est Bond, j'aurais dû lui dire… James Bond.
Elle m'aurait peut-être crue.
Bien que je n'aie pas encore l'âge de ce numéro de page, je serais curieuse de ma réaction aujourd'hui.
Elle tapa ses cinq doigts sur le bureau, l'un après l'autre comme quand on attend une réponse et me dit :

– Alors ?
Je répondis de nouveau : « NAS » et je haussai légèrement les épaules.
Elle entra dans une telle colère que j'ai cru un instant que son bureau allait me voler en pleine figure.
Et là... elle me dit (attention le gag arrive), convaincue et persuadée de son savoir :
– N'importe quoi !! NAS, ça veut dire : Non Assuré Social !

J'ouvris la bouche sans rien prononcer et compris qu'elle avait dû manquer une livraison de neurones.
Mais elle avait crié si fort que tout semblait s'être arrêté sauf un éclat de rire vraiment très fourni qui venait de la salle d'attente.
C'était Laurence.
Elle n'en pouvait plus, et plus elle riait, plus cette dame était agacée, mais elle ne pouvait plus s'arrêter de rire. De plus en plus fort.
Puis son fou rire m'atteignit et je me sentis obligée d'aller la rejoindre dans cette salle où nous avons pleuré de rire toutes les deux, mais les autres personnes qui étaient arrivées entre-temps aussi riaient largement.
Nous avions mal au ventre tellement la scène était mémorable, j'en pleure encore en écrivant cette scène.
Nous fûmes alors obligées de partir pour aller pleurer de rire dehors, il était parfaitement inutile de rester plus longtemps ici car nous n'arrivions plus à parler.
À peine arrivées dehors, effondrées, toutes les deux pliées sur nos deux jambes et adossées à ce mur, il nous fallut un bon moment pour élaborer une stratégie commune pour pouvoir nous inscrire en l'absence de cette dame complètement à côté de la plaque.
Le lendemain, nous demandions à Dominique Frelaut, Monsieur le Maire de Colombes en personne, de nous recevoir.

Oui, cela fut possible, car il était soucieux des forces vives de la jeunesse et fut très attentionné envers celle-ci pendant ses plus de trente ans de mandat.

Il n'y eut plus aucun souci pour cette fameuse inscription et face à nous, il salua notre attitude en appelant lui-même nos parents.
Il faisait partie de ces maires qui n'avaient aucun mal à donner leurs coordonnées personnelles aux administrés, nous savions tous où il habitait et le respections pour ses engagements visibles.

J'ai rencontré un autre homme de cette trempe, Monsieur Jacques Brunhes, maire de Gennevilliers, et son épouse Malika, qui deviendraient par la suite de fidèles clients de notre établissement.
Il n'hésitait pas à donner son numéro de portable à chaque citoyen de sa commune qui le lui demandait afin de pouvoir l'appeler en cas de difficulté.
Très humainement et modestement, il m'expliquait que s'il était absent pour les personnes qui l'avaient placé là où il était, sa nomination n'avait plus de sens.
Comme j'aime avoir vécu cette vie.

Quel bonheur d'avoir pu savourer ces moules de l'île de Groix si particulières car là-bas ils ont un procédé original qui consiste à laisser en permanence les moules immergées, afin qu'elles soient gorgées d'eau iodée, ce qui leur vaut une couleur si particulière, un orangé semblable à une mangue (mon fruit préféré.)

Charnues, goûtues et servies simplement face à la mer.
Moi, je ne demande rien de plus.
Il paraît que l'on revient toujours sur les lieux du crime, effectivement, je confirme car cet été 2019 j'ai saisi l'occasion de revenir sur ce parcours de mon enfance.

Les épreuves

Marquée à seize ans par la perte de mon grand frère alors âgé de trente-trois ans.
Je suis passée alors brusquement de l'enfance au monde des adultes.
L'innocence et l'insouciance, c'était fini !
En une nuit, j'ai eu mes premiers cheveux blancs.
La violence de l'incompréhension et la douleur sont restées les mêmes, c'était pourtant en 1989.
Je ne sais pas comment la plupart des personnes font pour parler de leur deuil. Personnellement avec moi, ce concept ne marche absolument pas, la douleur est toujours aussi vive et les moindres détails sont marqués au fer rouge.
Le pire dans ces moments-là, c'est l'impuissance.
L'impuissance face à une situation qu'on ne veut et ne peut accepter.
L'impuissance face à la douleur de mes parents.
L'impuissance face au déchirement que la perte a déclenché au cœur de cette grande fratrie.
L'impuissance tout court car on ne demande pas à subir une telle catastrophe si jeune.
Ce cataclysme vous impose l'humilité, la prise de conscience que tout peut s'arrêter net et l'inutilité de se projeter sur le long terme.
Mais ces épreuves changent instantanément votre regard sur la vie et, le bon côté que cela vous apporte

(si je puis m'exprimer ainsi), c'est qu'ensuite vous savourez chaque instant de la vie et vous vous éloignez naturellement de ceux qui ne savent pas vivre simplement la leur.
Les meilleurs partent souvent les premiers, j'ai souvent entendu cela, et effectivement mon frère était celui avec lequel je me sentais la plus proche et la plus en adéquation.

Il était la force tranquille, sportif, beau et toujours prêt à rendre service.
Il avait tout compris, il aimait faire plaisir et ce que procure cette sensation est essentiel, et surtout il respectait beaucoup mes parents.
Je plains les égoïstes qui sont complètement fermés à ce sentiment et qui par conséquent ne comprennent même pas de quoi il en retourne.
Imaginez un bref instant que le chapitre puisse être si court...

L'amitié

Vaste programme sur le papier, mais qu'en est-il sans la sincérité ? Par ailleurs, toute relation sans sincérité n'a absolument aucune saveur à mes yeux.
Intimement convaincue que les cinq doigts d'une main sont bien trop nombreux pour ce sujet.
Des déceptions, des satisfactions, mais peu de surprises.
Depuis toute jeune, mon cercle d'amis est naturellement très restreint, bien que les métiers que j'ai exercés m'aient amenée à côtoyer beaucoup de monde. Du coup, cet équilibre me convient parfaitement, car j'aime par-dessus tout la solitude, et j'aspire à la tranquillité.
De nature plutôt calme, j'aime avoir le libre choix de pouvoir m'écouter un petit peu de temps en temps, cela me ressource complètement.
Les espaces de cette page compenseront mes mots.

L’éducation

L’importance de ce bien précieux immatériel qui fait toute la différence.
J’ai savouré les bases que m’ont enseignées mes parents, par leurs actions, leurs réflexions et leurs silences.
C’était à la fois limpide et efficace, il n’y avait pas de chichis.
On dit souvent que l’enfant est un buvard qui a tendance à reproduire ce qu’il observe de ses modèles.
Effectivement, dans mon cas, ma curiosité et ma disposition naturelle à aller vers l’autre proviennent de mon papa chéri tandis que ma combativité et ma discrétion m’ont été léguées par ma maman adorée.
Pour ma part, la leçon fut très agréable, mais perçue différemment par le reste de la fratrie. Après la disparition de mes deux anges gardiens, même si l’occasion d’aborder ce sujet a été rare, j’ai constaté combien notre approche de cet enseignement pouvait être différente.
D’où cette expression qui me plaît beaucoup : « À chacun sa lecture de la vie. »
Je pense que les traits de personnalité de chacun se forgent dans ces moments-là.
Je n’ai malheureusement pas eu la possibilité de connaître mes grands-parents disparus prématurément.

Une blessure à vif que je n'ai jamais osé aborder du vivant de mes parents par pudeur.
Mais lors de certaines rétroprojections télévisées, j'ai eu l'occasion de ressentir à quel point la déchirante douleur était palpable et que cette cicatrice était indélébile.

Ces fameux silences, pourtant si éloquents. Beaucoup plus tard, certains m'ont expliqué l'inexplicable, qu'à mon tour j'ai tenté de comprendre en vain.
La nature humaine sait réserver ses pires travers à quelque époque que ce soit.
Mêlée à leur chagrin à mon tour encore une fois, je ne pouvais qu'admirer davantage mes parents et éprouver un immense respect au vu de leurs choix à venir et surtout leur force exemplaire sans jamais en parler.
Alors la saveur de la courtoisie, de la diplomatie et du respect me convient bien.
Je trouve que le rapport à l'autre est plus agréable et bénéfique, quels que soient nos horizons et projections du lendemain, si ce lendemain est offert.
Je n'aime pas les gens qui parlent fort et les donneurs de conseils ; j'y suis carrément allergique et je trouve même cela insultant.
Les conseilleurs ne sont pas les payeurs.
Il arrive souvent que cette catégorie de personnes n'ait jamais pris le risque de se lancer dans quelque domaine que ce soit et ne soit pas non plus un exemple de vie épanouie. Cela ne les empêche pas d'être persuadés de détenir la vérité.
Vous savez, ceux qu'on éjecterait bien simplement en appuyant sur un bouton pour qu'ils arrêtent de polluer notre air.
On en subit tous, des « Yakafaucons[4] ! ».

---

[4] Yakafaucons : Y a qu'à… faut qu'on.

Cette mauvaise herbe prolifère à la vitesse grand V si on n'y prend pas garde.
Une autre chose également peut-être liée à mon éducation justement, et que j'ai découverte récemment, est le fait que j'aie rencontré l'homme qui m'a appris à dire « je » car avant cette belle rencontre, je m'aperçois que cela n'avait jamais été ancré dans mes habitudes. Peut-être est-ce lié au fait d'avoir évolué au sein d'une famille nombreuse lorsque j'étais enfant, tandis que lui était au contraire un enfant unique.
Constat tardif et étrange à mon sujet, de même que certains mots que je n'utilisais pas, et expressions que j'entends parfois qui me ramènent alors directement à lui et me font sourire.
Faisons les présentations, et découvrons cela en cette page, car le millésime 1964 pourrait se révéler être un cru exceptionnel, s'il a pris le soleil qui puisse *le mettre en joie* sur les environs d'Ollioules.
En écrivant, je me rends compte qu'il est plein d'expressions emplies de bon sens, que j'aime utiliser, je trouve que cela résume bien les choses vraies.
Les opposés s'attirent, mais au final, qui se ressemble s'assemble, être mort ou faire le mort… quelle différence ?
Parlons de partage, de détente et de bienveillance.
Cocktail plutôt agréable.
Effectivement, je vais parler à présent d'une personne que j'aime beaucoup, tellement d'ailleurs que je lui ai demandé dans un premier temps de préfacer ce livre *L'Obligation de retenue,* qui dans son cas comme dans le mien est de mise, mais…
La première fois que je l'ai vu, c'était au cours d'un déjeuner professionnel au restaurant.
Je ne savais alors ni qui il était ni dans quel secteur d'activité il évoluait, et je me souviens précisément de la table qu'il a occupée cette première fois, la table numéro 12, mais également de ce qu'il a mangé : en

entrée une salade de noix de Saint-Jacques & foie gras en terrine, et pour le plat, un filet de bar aux légumes de saison.
N'ayant pas vraiment le bec sucré, il m'a ensuite commandé un café.

La seconde fois, il était accompagné d'une personne que j'apprécie énormément mais avec laquelle je n'ai, malheureusement pour le moment, plus aucun contact. Mais au fond de moi, je sais pertinemment que je reverrai un jour Sylvie S. ou qu'elle me donnera simplement de ses nouvelles venant de l'Est, par exemple.
Certaines ambassades demandant parfois plus ou moins d'investissement personnel.
Cette femme en qui j'ai vu tout de suite dans le regard une immense blessure qu'elle tente de combattre au quotidien, je l'ai ressentie.
Quelque chose de profond, une fêlure enfouie mais toujours présente.
D'ailleurs, dès la première fois, avant de quitter l'établissement elle m'a prise dans ses bras, me disant qu'elle préférait m'embrasser plutôt que de me serrer la main, et nous nous sommes quittées en échangeant une accolade très appuyée et pleine de tendresse qui en dit long sur le ressenti réciproque avec cette femme.

Reprenons les présentations avant que je n'aille dévorer une crêpe car moi, je le confirme, j'ai vraiment le bec sucré et n'attendons pas de célébrer la Chandeleur pour nous faire plaisir.
Nous en étions à cette première rencontre entre deux illustres inconnus.
Mais ce jour, il s'est passé quelque chose d'étrange que je n'ai pas compris sur-le-champ.
Comme si quelqu'un me murmurait un message, mais à un niveau de volume proche de zéro.

J'étais en train de prendre une commande à une autre table, et une fois celle-ci terminée, mon regard se porta sur lui, mais je ne savais pas pourquoi.
La salle était pourtant pleine et j'étais très occupée à ce service cadencé.
Cela s'est reproduit plusieurs fois au cours de ce repas, mais je n'ai rien compris.
Cette sensation est assez difficile à expliquer car personne ne vous fournit de notice dans ces moments.
Bon... passons. Le service se termine, puis à l'occasion de ses venues suivantes, nous sympathisons, et un jour il m'explique adroitement qu'il porte quatre barrettes, celles-ci étant blanches et qu'il exerce ses fonctions à cinq minutes du restaurant.
Mais attention, pas côté banlieue car la jolie bâtisse à dominante bleue top design aux technologies dernier cri est implantée à Paris, de l'autre côté du périphérique.
C'est donc cette proximité des lieux qui avait mené ses pas jusqu'à *La Barrière.*
Il faut rappeler que pour un Parisien pur et dur, le passage psychologique *de la frontière* du périphérique tient de l'exploit !
Nous nous sommes très vite entendus, ce qui amène naturellement à des échanges sur la vie en détail et en général, et je constate sur bien des sujets que nous sommes sur la même longueur d'onde. Positive, je l'espère.
Aussi que nous sommes identiques sur bien des comportements, ce qui est assez drôle d'ailleurs, et cela m'amuse beaucoup.
J'espère pouvoir aussi connaître nos désaccords à l'occasion qui construisent également un échange.
C'est le côté agréable de la restauration, lequel vous permet aussi de belles rencontres, qui peuvent être durables ou éphémères, mais significatives.
J'ai beaucoup de respect pour cet homme et bien évidemment, j'espère qu'il en est de même pour lui

car vous savez à présent l'importance que j'attache à la réciprocité.
L'avenir nous le dira…
La présentation auprès de mon époux Jérôme fut naturellement tout aussi agréable.
Jérôme l'appréciant aussi et se retrouvant dans leurs expressions communes de langage, normal, ils ont presque le même âge.
Le franc-parler a des raccourcis qui prêtent souvent à sourire et à une complicité immédiate.
Donc jusqu'ici, tout allait pour le mieux dans le meilleur des mondes, mais c'était sans compter sur la présence du « Boss » Tyson. Avec la mascotte du restaurant, Tyson, bulldog anglais au regard si expressif âgé de bientôt dix ans – ce qui est tout de même un âge bien avancé pour une telle race de chien si solide et fragile à la fois.
Cela s'est fait plutôt en deux temps, au départ la courtoisie étant de rigueur dans cet établissement, Tyson se laissait caresser à son bon vouloir par cette nouvelle connaissance élégante, c'était mignon jusqu'à… un jour où il avait dû se lever du pied gauche sans que l'on s'en rende compte, car comme les humains, les animaux ont aussi leurs humeurs.
Ce jour-là, il avait décidé de se mettre en mode grincheux pour prévenir du caractère bien trempé qu'il a lui aussi par moments.
Alors qu'il se fit offrir le plein de papouilles par cet homme au cours du service, au moment de quitter le restaurant, une fois la facture acquittée, je précise – je n'avais donc pas sorti le chien pour veiller au bon déroulement de l'encaissement –, ce monsieur voulut faire une dernière caresse à Tyson qui était confortablement installé sur son beau fauteuil blanc à l'entrée du restaurant, le torse bien bombé et la tête haute…
Il en décida subitement autrement et, au moment même de cette ultime caresse, pinça très furtivement son doigt. J'avais honte.

Je proposai aussitôt qu'il me suive dans la salle de bains du restaurant afin que je le désinfecte et le soigne.
Au départ il me dit :
– Ne vous inquiétez pas, ça va aller. Ce n'est pas grave.
Finalement, il accepta de me suivre.
Très franchement, pendant que je le soignais, je pensai :
« C'est la dernière fois que je le vois. »
Quel dommage, moi qui l'aimais si bien. Il est certain qu'avec ce qui vient de se passer, je ne suis pas près de le revoir ici.
Tyson en avait décidé autrement.
Pendant que j'appliquais la Bétadine pour désinfecter, je lui demandai si ça lui faisait mal.
Il me répondit sereinement que non.
Puis j'appliquai le pansement et nous sommes revenus en salle tranquillement.
À notre retour, je constatai que malgré cela, il restait très décontract' et s'en est même amusé avec son convive, et lui a proposé un autre café plutôt que de repartir comme prévu avant « *le croquage* ».
Une fois arrivé à hauteur de la table qu'il occupait avec son ami, c'était la table numéro 7, il lui montra la poupée en souriant et en lui disant qu'il était ravi de s'être fait soigner par la patronne (je n'aime pas ce mot), mais j'ai trouvé cela très sympa, clin d'œil à l'appui de sa part.
Mon mari et moi le regardions alors étonnés.
Je lui dis :
– Mais, Monsieur ? Vous devriez me détester puisque mon chien vient de vous mordre.
Il me répondit que non, bien au contraire, qu'il m'aimait encore plus ainsi que Tyson, puisque son chat avait le même caractère et qu'il ne se laissait lui aussi approcher que selon son bon vouloir.

Et qu'il aimait ce trait de caractère dominant.
Je précise qu'il s'agissait là de comportement animalier.
Je le regardai alors, ainsi que son ami, mon époux, lui, était à l'entrée pour la prise de congés[5] discutant avec un autre client.
Ouf… soulagée, je compris que s'il acceptait de rester encore dans l'établissement, c'était qu'il ne m'en tenait pas rigueur.
Cette ouverture d'esprit me plut immédiatement.
Chose que très vite je pus constater lors de ses venues suivantes.

Je m'absentai discrètement pour aller gronder Tyson, pour avoir l'air d'essayer de lui transmettre un soupçon d'éducation, mais tête de mule qu'il est, il me snoba en redressant encore un peu plus la tête, l'air de dire :
« Je sais ce que je fais et je ne regrette absolument pas. »
Puis la phrase qui sortit naturellement de ma bouche fut de lui dire :
– Mais enfin Tyson, on ne croque pas dans la volaille !
Pardon, ça m'a échappé.
Son collègue et lui-même n'entendirent rien de cette repartie, mais le client qui était vers l'entrée, lui, entendit, et ça l'a bien fait sourire.

Voilà pour les présentations de la famille Gutbrod à *La Barrière* : Père, Mère & Fils.
Euh, je voulais dire : et de l'enfant roi.
J'aurais bien aimé que Tyson me parle ce jour-là…
De ce fait, sous le regard de mon protecteur, la prudence est de mise, ce qui n'empêche en rien les rapports cordiaux que nous entretenons pour le

[5] Prise de congés : départ des clients jusqu'à la sortie.

moment car très vite viendra, ailleurs, le temps d'une nouvelle vie bien méritée où la saveur du zéro contrainte aidera au bonheur, enfin je l'espère.

Allez, encore une autre expression qui va me mener directement à une autre anecdote sympathique :
« Qui aime les bêtes aime les gens. »
C'est vrai, normalement cela est vérifié, sauf exception qui confirmerait la règle.
S'il y a exception.
J'ai observé que les personnes qui aiment les animaux, sans forcément en avoir chez elles – j'entends par là celles qui ont cet amour naturel envers les bêtes et qui ne leur souhaitent aucun mal et les respectent comme tel, comme des êtres vivants finalement –, sont vraiment moins nombrilistes et bien plus portées vers l'autre.
Ceux-là aiment les gens.
Comme si la population se divisait en deux catégories :
Les sensibles, qui aiment les autres et leurs différences, sont prêts à aider les gens, ne portent pas de jugement sur autrui, ont le sens du partage, et je pourrais citer encore mille et une autres qualités…
Et les insensibles, qui pensent avant tout à leur pomme, leur réussite, leur grade, leur véhicule, leur maison, leur assiette, leur paraître, leur… leur… leur…
Tout cela n'est qu'un leurre, et bien triste est le résultat lorsque le masque tombe.
Dans ces deux catégories de gens, je trouve qu'il est des similitudes flagrantes, à croire qu'on nous a tous assis sur un banc à l'école en nous disant : « voilà ce qu'il faut faire pour être égoïste et voilà ce qu'il faut faire pour être altruiste… »
Il y a ceux qui choisissent de paraître et il y a les autres.
Chacun choisit les gens qu'il souhaite avoir dans son entourage par rapport à ce qu'il lui convient de vivre au cours de son existence.

Ainsi, chacun construit son quotidien.
Et parfois les mensonges qui peuvent être rapportés à votre encontre, à votre insu, vous rendent service, car ils éloignent de vous des personnes qui visiblement n'avaient rien à faire dans votre entourage, sans que vous ayez rien à faire.
Parfois, je me demande si certains ont conscience du service rendu en disparaissant ainsi de l'entourage. L'idée première n'étant absolument pas cette résultante, s'imaginant que leur présence est essentielle, ceux ainsi éloignés pensent-ils vraiment qu'ils nous manquent ?
Résolument, absolument pas. Bien au contraire.
Les dés sont jetés alors que tourne la roulette.

Quant à cette anecdote sympathique, elle s'est déroulée à *La Barrière* lors d'un service du déjeuner, la salle était comble lorsqu'un des clients remarqua un tout petit bout de la bouille de Tyson, celui-ci était en train de bâiller, la gueule bien ouverte puis s'étirait langoureusement alors qu'en salle nous étions en vitesse accélérée.
Parfois, c'est vraiment l'impression que cela donne, lorsque tous les clients ne prononcent qu'une seule et même phrase à leur arrivée :
– On est pressés !
Le décalage de la situation prêtait à sourire et il est vrai que très souvent les clients réservent à Tyson un accueil des plus chaleureux lorsque celui-ci daigne venir enfin montrer son joli pelage de plus près, après avoir ronflé à tue-tête, bâillé, puis s'être langoureusement de nouveau étiré avec grande classe pour montrer sa belle musculature.
Je me demande s'il ne fait pas des abdos la nuit ou des squats en renfort musculaire pour avoir des pectoraux si développés et une ligne parfaitement bien dessinée.

Monsieur a remporté des concours dès son plus jeune âge et a été classé à un très bon niveau.
Il le sait qu'il est beau pour sa race, ainsi il roule des mécaniques et use de ses charmes quotidiennement.
Ceux qui ne comprennent pas ce langage du cœur en me lisant doivent se dire : « C'est ridicule de parler comme ça et aussi longuement d'un animal, ce n'est qu'un chien ! »
Parfait, comme le ridicule ne tue pas, cela me va bien.
Aussi, je vous recommanderais peut-être de poser ce bouquin parce que la suite risque de ne pas vous intéresser.
Ne perdez pas de temps.
Mais juste avant, interrogez-vous sur le pourquoi « nous », pauvres êtres humains destructeurs de cette planète qui nous héberge à titre forcé et gracieux, nous aurions plus de valeur que n'importe quel autre animal.

Je sens que je vais encore me faire des amis. Ça me plaît.

Moi, je ne fais que constater l'amour sincère et désintéressé qu'ils nous portent et tout ce qu'au contraire nous avons à apprendre d'eux.
Cela devrait même être obligatoire.
D'avoir eu au moins une seule fois dans chaque vie de simple être humain, avant de faire le choix d'enfanter ou pas, d'avoir n'importe quel animal pour apprendre à veiller sur l'autre, s'attendrir et se sentir responsable, je suis convaincue que cela nous aiderait tous pour la vie en société.
Cela ne me laisse jamais indifférente lorsque j'entends les gens se moquer d'autres évoquant la déchirante perte de leur boule de poils si chère à leurs yeux – et ce peu importe l'animal –, ricanant et portant ce jugement pathétique :

– Enfin ce n'est pas un enfant quand même ! Pleurer pour une bête !
Cette phrase m'attriste tellement elle est minable.
Par exemple, avez-vous déjà entendu dire qu'un chien avait frappé et séquestré son être cher, qu'un chien avait violé son propre enfant, qu'un chat avait tué sa maîtresse par jalousie excessive, qu'un autre avait dérobé les bijoux de sa mère, ou bien encore qu'un chien avait vidé le compte bancaire de son maître… ? Qu'un chien avait été jugé pour homicide volontaire ? Que ses actes étaient prémédités ?
Non. Ces trahisons graves et lâches sont réservées à l'humain.
Je vous l'accorde, l'expression est juste, lorsqu'il s'agit de constater à force de travers vécus et de coups tordus, une phrase s'invite alors dans vos pensées :
« Plus je connais les hommes et plus j'aime mon chien. »
Personnellement, je parle à mon chien tous les jours ; en plus d'être mon fils unique, il est un câlin sur pattes, mon ami, ma peluche vivante, mon confident, mon protecteur…
Je l'ai prévenu que la justice des hommes n'était pas égale face à eux.
Aucune deuxième chance possible : Morsure = Mort Sûre.
Chez l'homme, quelle que soit la gravité de ses travers possibles, on tentera de soigner, de guérir, d'écouter, de comprendre en ayant aucune garantie quant à la non-récidive.
Le sort indiscutable réservé à un être si proche que certains comme nous qui avons la possibilité d'en être accompagnés vingt-quatre heures sur vingt-quatre avec toutes les joies qu'il nous procure, la tendresse dont il nous couvre, l'affection débordante qu'il nous offre, la magie de son jeu et son insouciance apparente, ce sort peut être expéditif.

Pour avoir perdu déjà deux autres chiens de la même race, Pétrus et Pépone, je sais malheureusement combien la douleur est grande et que malgré toutes les préparations psychologiques que l'on tente de faire, la séparation est vraiment trop difficile.
Ce départ sans laisser d'adresse est déchirant et éprouvant.

Tiens, je vous prescris une ordonnance avant de vous dire au revoir.

Ah bah, vous êtes encore là ?
D'accord, je poursuis mon histoire.

Alors que j'étais en plein service dynamique au restaurant, un homme d'affaires se leva soudain interrompant ainsi une conversation très sérieuse, s'approcha de Tyson et me dit :
– Il y a un bulldog anglais dans cette maison ?!
Le regard brillant et plein de tendresse, il s'accroupit dans un premier temps pour l'embrasser et lui parler, en lui disant qu'il avait beaucoup de respect pour lui et qu'il savait qu'il était le plus proche de l'homme.
Bien que français, il me raconta le dicton anglais que je connaissais bien :
« Mettez un bulldog anglais seul près d'une poussette, il se tuera pour protéger le bébé. »
Je complétai que là-bas ils les appelaient « les nurses ».

Parfaitement d'accord, il ajouta que seuls ceux qui en avaient eu un pouvaient comprendre à quel point ils sont exceptionnels et comme leur caractère est incroyablement proche du nôtre.
Puis, dans un second temps, il s'allongea à plat ventre sur la moquette alors qu'il était en costume cravate pour faire le plein de câlins à ce dernier qui ne se faisait pas supplier.

Une scène incroyable, même mémorable, je dirais. Certains clients présents ce jour-là m'en parlent encore car pour autant le silence avait momentanément pris le contrôle du service car on ne voit pas cela tous les jours tout de même, mais bizarrement, cela avait apporté quelque chose de plus humain et tellement spontané que les clients avaient plutôt été attendris par la scène. Enfin, pas tous.

Car les personnes qu'accompagnait ce monsieur, elles, n'avaient absolument pas été réceptives à cette scène attendrissante, puisqu'elles venaient parler gros sous.
Plusieurs jours plus tard, lorsque ce très sympathique client revint déjeuner, je lui demandai comment s'était soldée son affaire à la suite de cette scène.
Il rigola et me dit :
– Je n'ai pas fait affaire avec eux, ils m'ont pris pour un dingue. Je n'étais plus crédible à leurs yeux face au projet que nous devions entamer ensemble.
Il rit encore et me dit :
– Je suis convaincu que je n'ai rien perdu et que même, au contraire, je pense que plus tard je risque d'être conforté en ce sens. C'est une petite voix intérieure qui me dit ça.
Puis il compléta :
– Je vous raconterai dès que j'en saurai plus sur l'avancée de ce dossier.
Alors, je le conduisis à sa table, une fois qu'il fut rassasié par les câlins que Tyson lui avait offerts.

L'Amour

En cette page, une minute de silence s'impose, car il me semble que c'est le véritable *moteur de notre vie.*
Que serions-nous sans cela ?
L'expression est tellement juste :
« Quand on aime, on a toujours vingt ans. »

Force est de constater que nous n'avons pas tous eu raisonnablement l'apport essentiel de l'amour parental, accomplissant ainsi des exploits pour se prouver à soi cette nature combative au quotidien. Cette quête de combativité révélée essentielle et parfois attachée aux kopecks, comme on s'attacherait à un souvenir d'enfance.

Manifestement citoyenne du monde, dotée de cette aptitude à être à l'écoute, observant autour de moi les touches et attitudes similaires, en tâchant d'y apporter honneur et respect qui me paraissent bénéfiques. Car la vie est ici et maintenant, savourons les ondes positives possibles, sur cette route du bonheur.

Spirituellement je vous souhaite la découverte de la saveur du bonheur, du fond du cœur !

Rappelons-nous : plus… serait dommageable.

Car la vraie question est : comment faire pour ne pas blesser l'autre ?
Alors, savourons ces dons précieux du mieux que l'on peut, le regard porté à l'autre, et le goût des instants simples de la vie.
L'Amour de soi.
L'Amour de l'autre.
L'Amour de la vie.
L'Amour tout court.

La chance

La chance a souvent la couleur du « bleu de travail » !

Tentons de comprendre ce qu'inclut la définition de la chance.
Avez-vous déjà eu l'occasion de vivre cela ?
Évidemment oui.
Lorsque l'on vous dit que vous, vous avez de la chance de pouvoir réaliser ce que vous voulez.
Aujourd'hui, j'ai du mal à entendre cela, ça m'agace très vite, peut-être à force de l'avoir trop entendu et surtout de qui je l'ai entendu.
Jamais on ne vous questionnera sur la somme colossale d'efforts et de sacrifices accomplis pour réussir à cela, bah non, cela n'intéresse personne et ce n'est pas tendance.
En revanche, pour employer un ton (tel un reproche), là ça y va.
J'ai l'impression parfois de venir d'une autre époque, de fonctionner « à l'ancienne » et cela me va parfaitement.
Devaient-ils faire face à autant de reproches, nos ancêtres à l'époque du troc ? (Qu'au passage on tente de réactualiser en faisant croire que c'est moderne.)
De même pour l'entraide avec les savoir-faire qui s'exposent aujourd'hui sur internet.

Il paraît que notre société progresse et surtout à la vitesse de la lumière.
De quelle lumière parle-t-on ?
Éclairez-moi, je vous en prie.
J'ai dû rater un épisode ou stagner à mon époque lorsque l'on tente de me dire qu'elle est révolue.
Celle de l'enseignement essentiel des vraies valeurs simples de la vie.
Pas de souci, chacun son rythme, je ne m'essoufflerai pas à courir après ce en quoi ou en qui je ne crois pas.
Alors, face à cela, il m'est déjà arrivé de proposer les clés du restaurant pour vivre ma vie de directrice de salle, seulement pour un mois.
Puis d'en reparler ensuite en toute connaissance de cause.
Il faut juste au passage se préparer à effectuer entre 70 et 80 heures par semaine, mettre votre vie entre parenthèses du lundi au vendredi, être ultra-matinal, et surtout être à 200 % du réveil au coucher dans tous les domaines, paperasse, fournisseurs, réception marchandises, téléphone, mails, textos, règlements des factures, entretien des locaux, mise en place, travaux réguliers, visite clientèle parfois matinale, envoi des factures et devis, cela n'étant que le programme quotidien matinal sans parler des imprévus qui se greffent pour alléger votre planning ou vérifier si vous avez les épaules pour relever ces multiples défis du quotidien.
Matinée soft en somme.
Puis vient le service où le challenge quotidien est d'être disponible sur tous les fronts dans le but ultime d'apporter un petit coin de douceur et de bonheur à chaque client en respectant son timing.
Sans oublier, prendre en charge à la fin de chaque service les appels des chauffeurs et taxis pour que chacun puisse repartir à bon port.
Ça, c'est fait !

Après cela, il faut s'atteler au nettoyage intégral de la salle, de la cuisine, de l'office, passer l'aspirateur, nettoyer les toilettes et la salle de bains, s'occuper du linge, des consoles, l'argenterie pour les couverts, les verres...
Puis après avoir redressé intégralement la salle, les jours où vous aurez une éventuelle courte coupure qu'il faudra gagner après avoir répondu aux différents mails de réservations, multiples demandes téléphoniques pour les jours à venir et autres, rappelé les personnes qui vous ont demandé de le faire...
S'il y a coupure, car les clients peuvent en décider autrement et choisir de rester, soit travailler au restaurant, soit se détendre en savourant d'agréables digestifs...
Assez bavardé, c'est déjà le moment de rembaucher pour le service du dîner, programmation de la mise en place des réservations faites, consultation de la boule de cristal pour la clientèle de passage, tout comme pour le déjeuner par ailleurs.
Hop, hop, hop... direction l'accueil des premiers clients à 18 h pour les touristes.
Mais je crois que ça, c'était avant !
À l'époque de la libre circulation avant l'arrivée de Covid-19, si jeune et novice, c'est pourtant bien lui qui a décidé subitement de redistribuer les cartes sur la table qui rassemble et divise le monde entier à la fois.
Un génie, ce voyou, il nous met tous au pas avec tous ses nombreux caprices.
Voilà, je pense que cette liste exhaustive devrait pouvoir donner une idée des exigences du quotidien à gérer avant d'accepter de prendre les clés pour un épisode de « vis ma vie de restaurateur » pour une toute petite durée d'un mois, soit rien à l'échelle d'une vie.
Les mains salies par le travail ont l'odeur de la dignité !

Voilà, voilà… je suis étonnée car personne n'a jamais accepté de le prendre mon trousseau de clés.
C'est étrange parce que notre clientèle est plutôt très sympathique et courtoise, on mange bien, on boit bien, on vit bien et on y fait de belles rencontres…
Promis, il ne s'agit pas d'un travail à la mine.
Visiblement ça ne fait pas le poids dans la balance.
Bizarre, bizarre.
Une fois, j'ai été très étonnée de la question d'une connaissance qui m'appelait en matinée pour passer le temps.
Elle travaille pourtant à son compte ainsi que pour celui de son mari dans le secteur du bâtiment, qui là encore est un des secteurs d'activité où le poil au milieu de la main n'est pas le bienvenu.
Elle y fait la comptabilité et je pensais qu'elle était aussi censée gérer les plannings des équipes, les toujours nouvelles normes très asphyxiantes et paralysantes pour la programmation des chantiers…
Elle avait l'air de s'ennuyer terriblement et moi franchement j'étais ultra-débordée et je me disais même avant cet appel que je ne parviendrais pas à être prête avant les premiers clients programmés pour 11 h 30, clientèle d'affaires internationale oblige, et qu'évidemment, une fois de plus, je n'aurais sûrement pas le temps de déjeuner avant leur arrivée.
Par politesse, j'ai écouté ses lamentations, mais lorsqu'elle m'a posé la fameuse question qui tue, je suis restée scotchée net.
Elle me demanda ce que moi je faisais de mes matinées au travail, puisque les clients ne commencent à arriver qu'à partir de 12 h 30/13 h. Que je n'avais donc forcément rien à faire !
Ah oui, j'oubliais qu'il y a déjà la réponse dans la question, avant même que je n'aie le temps de remuer les lèvres.

Qu'en savait-elle ? Puisqu'elle n'a jamais travaillé dans le milieu de la restauration ni des CHR[6].
J'ai cru rêver : elle était de vingt ans mon aînée et avait vécu bien plus de situations professionnelles et personnelles que moi.
Qu'allais-je bien pouvoir répondre pour écourter cette conversation surréaliste ?
Mon appel au secours interne a dû être entendu par des ondes extraterrestres, car pile à cet instant les deux téléphones professionnels se sont mis à hurler pour qu'elle se taise enfin et les alertes de Messenger s'y sont mises aussi.
Je l'ai échappé belle, car lors de ces quelques secondes qui m'ont paru être une éternité, j'ai ressenti un grand moment de solitude, car pour moi il n'y avait pas de réponse à une telle question.

Je me souviens qu'à une époque je disais qu'il n'y avait pas de question bête, mais que seules les réponses pouvaient parfois l'être.
Depuis, j'ai arrêté de prononcer cette phrase.
Cela est fort quand même car tout juste après ce chapitre je voulais évoquer le superficiel.
La suite m'a fait constater qu'effectivement nous étions aux antipodes toutes les deux, car – sans être méchante – elle était convaincue que tous les matins de la semaine, je ne pouvais qu'être en train de faire du shopping dans les belles boutiques parisiennes.
Elle en était intimement convaincue et n'a pas vraiment dû comprendre mon désintérêt lorsqu'elle ne me parlait que de chaussures, bijoux, sacs à main.
Je n'exagère absolument pas, car la seule autre possibilité de sujet de conversation était bien sûr… les voyages.
Voilà, tous ces sujets de conversation avaient été abordés. Plus rien à dire.

---

[6] CHR : Cafés, Hôtels et Restaurants.

Ce n'est pas mon truc, ne parler que tendance vestimentaire et maquillage ne m'intéresse pas non plus. Ça doit être pour cela que je m'entends plus avec la gent masculine aussi, probablement.

L'anecdote

Chaque professionnel de la restauration sait précisément de quoi je vais parler, lorsque parfois vous avez l'impression que tous les éléments se déchaînent les uns après les autres.
Et que quelqu'un ricane quelque part en vous observant et se dit : « Tiens, déplaçons encore le curseur pour voir comme ils se débrouillent et jusqu'où on peut aller. »
Évidemment… un jour bien particulier, lorsque vous recevez des clients VVIP[7], sinon ça ne serait pas drôle.
Ce mercredi de l'an 2000, une tablée réservée pour tous les Premiers ministres des pays du Maghreb.
Pourquoi ici ? Pourquoi à *La Barrière de Clichy* ?
Tout simplement parce que l'un des Premiers ministres, présent ce jour-là, était venu déjeuner quelques années auparavant et avait été touché par le sens de l'accueil, dit-on, et avait beaucoup apprécié son repas.
Notre record ce jour en termes de nombre de couverts : 82 convives.
Dans le grand salon privé, la table des ministres, dans la première salle, tous les médias avec les journalistes

---

[7] VVIP : Very Very Important Person.

qui interviewent et les caméramans qui filment et se déplacent tout le temps en plein service.
De ce côté-là, heureusement pas d'incident, même si c'était quand même plutôt sport, un vrai travail d'équilibriste, en plus du reste.

La situation la plus cocasse, elle, était au salon privatif où se trouvaient tous les molosses, les gardes du corps.
Subitement, j'eus l'impression que cette salle en particulier avait rétréci.
Des armoires, comme on dit dans le langage commun, il fallut se faufiler pour chaque assiette à servir.
La situation était vraiment amusante et ils ont eu l'élégance de jouer le jeu en limitant leurs déplacements.
À l'extérieur régnait un calme extraordinaire, toutes les voitures en stationnement s'étaient comme effacées du paysage pour laisser place à un visuel épuré et une ambiance de campagne.
Alors, tout ce service conséquent se passe bien, Messieurs les Premiers ministres sont enchantés, les organisateurs et la presse aussi, les vigiles sont déjà sur le pied de guerre au moment de la digestion.
Voilà, tout le monde a quitté le restaurant, il est environ 16 h 30 et les mouvements à l'extérieur ont repris possession du bitume parisien.
C'est parti pour le nettoyage de la salle et de la cuisine, puis la mise en place pour le service du soir.
On attend beaucoup de monde ce soir-là pour le Porsche Club de Paris, présidé par l'adorable Philippe Bretille.
Donc beaucoup de travail en vue, et surtout aucune pause entre les deux services pour la direction car il faut enchaîner avec les réservations et tous les appels téléphoniques…
Tout à coup, une odeur de brûlé se fait doucement sentir, mais on ne sait d'où cela peut provenir.

Il faut vite trouver, des allées et venues à chercher… puis en cuisine un minuscule tuyau laisse s'échapper un mini-filet de fumée. Non !? Cela vient de la cave.
Le chef, Jérôme mon époux, descend alors, et en ouvrant la porte blindée, un épais nuage asphyxiant s'en dégage.
Porte aussitôt refermée et dans les dix minutes les gyros des pompiers déboulent, les hommes en bleu marine s'activent, déroulent les tuyaux d'incendie et, après s'être concertés et avoir analysé la situation, l'un d'entre eux saisit une pioche.
Ils décident alors de casser une partie du sol de la cuisine sous les fourneaux.
Douche froide, je veux dire glaciale.
L'immeuble étant un immeuble d'habitation datant de plus d'un siècle, une planche disposée sur une petite partie du plafond de la cave et donc se trouvant pile sous les fourneaux s'était mise subitement à se consumer lentement.
Rappelons que ce restaurant existe depuis 1973 sous ce même nom, qu'il avait déjà été un restaurant dans le début des années 1900 et surtout, que nous étions en 2000.
Et pourquoi ce jour ?
Pourquoi, alors que quelques minutes auparavant nous avions tout ce beau monde en salle ?
Incroyable, nous étions KO debout.
À une demi-heure près, cela aurait pu être une véritable catastrophe.
Dans ces moments-là, le cerveau semble s'arrêter momentanément pour tenter de comprendre tous les enjeux en cours.
Alors, un grand gaillard bombe son torse, pioche empoignée fermement, et se met à frapper violemment le sol. *Boum… boum… boum…* puis de plus en plus rapproché.
Il s'essoufflait et transpirait.

Pour nous, chaque coup semblait être un coup de poignard dans le cœur.
Il frappe, il frappe encore et encore, de plus belle.
Puis, d'un coup, malgré notre jeune âge et le fait que dans une telle situation vous n'avez pas votre mot à dire, Jérôme se mit à hurler et lâcha vivement d'une voix ferme un :
– Ça suffit !
Tout ce vacarme s'arrête immédiatement, les pompiers regardent Jérôme d'un air interrogatif.
Puis il s'exclame :
– Je pense que le trou est assez gros là, non ? Vous n'allez pas me casser toute ma cuisine pour une si petite planche.
Je m'attendais à ce moment à un conflit certain, mais à mon grand étonnement il y eut un silence pendant de longues secondes qui me parurent interminables...
Le responsable d'équipe dit :
– OK, avant d'arrêter complètement, deux d'entre vous descendent voir ce qu'il en est de l'autre côté.
J'attendais leur retour avec hâte et quelle délivrance ce fut lorsqu'ils ont confirmé qu'effectivement, il était inutile de casser plus.
Une fois ce soulagement acquis, il nous fallut vite trouver une solution afin d'être en mesure d'accueillir les clients ce soir-là.
Heureusement, parmi nos contacts un artisan habitant Clichy a pris le problème à bras-le-corps et nous a comblé ce trou avec une célérité incroyable.
Je suis tellement admirative du professionnalisme et de la compétence que chacun peut apporter dans son domaine, *a fortiori* dans un cas de figure comme celui-ci puisqu'il y avait un caractère d'urgence.

Soulagés, nous avons pu reprendre la soirée normalement.

Revenons comme promis sur ma punition à l'office lors de ma toute première embauche en restauration à l'issue si positive.

Le complot de mon bourreau et des serveuses était avéré, mais je préférais ne rien dire, la directrice de salle comprit à mon silence et sûrement à mon regard dépité.
Je ne voulais surtout pas être un problème et encore moins en causer.
Je n'étais donc pas épargnée par leur lâcheté à toutes, puisque chacune couvrait l'autre, et je compris que j'étais la cible à abattre.
Allez, confirmation du « seule contre tous ».
Pendant tout ce temps passé seule à nettoyer à l'office, je voyais le reste de l'équipe s'activer, salle et cuisine, et je ne m'en sentais que plus isolée.
Mais dès cet instant, je pris conscience de la rigueur exceptionnelle qu'il faut avoir dans le domaine de la restauration, et ce sur tous les plans pour pouvoir prétendre à un poste flatteur dans une maison de qualité.
La finalité est que l'à-peu-près n'a pas sa place dans les bonnes maisons.
Aucune faute n'est tolérée, chaque geste doit être précis, tel est l'accomplissement de la mise en pratique d'une théorie enseignée.
Je compris aussi que l'attitude du personnel déjà en place avait une influence non négligeable sur votre avenir.
Vers la fin du service, un cuisinier avait prétexté venir chercher une bouteille de Grand-Marnier pour préparer son sabayon, il eut des mots très gentils en voyant ma tête dépitée.
Et le pâtissier, lui, me fit signe depuis la cuisine qu'il m'avait préparé un millefeuille – un de mes desserts préférés après la crème brûlée que j'adore ! – à la vanille de Tahiti en guise de réconfort pour tenter de me faire retrouver le sourire.

J'ai vraiment été très touchée.
Lorsque le chef quitta ses fourneaux et qu'il vint me saluer, je pensai que c'était un adieu.
La suite fut assez originale mais bien orchestrée, puisque j'imagine qu'après s'être au préalable mis d'accord, je me vis annoncer que je restais jusqu'à la fin de semaine.
Je m'y plaisais vraiment et j'avais complètement occulté mon ennemie.
Cela permettrait non seulement d'observer ma réaction à la suite de cette annonce, de voir ce que j'avais dans le ventre, mais surtout d'observer mon attitude au moment de mon départ.
Je me suis régalée toute cette semaine et je me laissai surprendre à me projeter dans ces lieux, je m'y sentais vraiment bien.
Aussi, je vis comment l'auto-décrété fameux bras droit avait esquivé le nettoyage des couverts après un très gros service, il manquait le plongeur absent ce jour-là ainsi qu'un autre cuisinier.
En salle, notre équipe en avait terminé, nous nous étions changées et avions le sac à main à l'épaule, lorsque nous vînmes toutes ensemble saluer les cuisiniers, qui, eux, n'auraient sûrement pas de coupure avant le gros service du dîner prévu.
En voyant le chef aider à essuyer une grosse quantité de couverts, je me dis que les filles allaient poser leur sac à main sur le plan de travail et qu'à nous toutes, notre aide soulagerait les cuisiniers qui avaient toute leur mise en place à préparer.
Il n'en fut rien, elles osèrent aller serrer la main du chef en s'empressant de lâcher un « au revoir ».
Je les vis détaler bouche bée.
Pour ma part, je posai mon sac et mon manteau sans prononcer un mot et je me mis à les aider.
Je me mis à la place du chef en pensant à quel point il devait être dégoûté de cette attitude.

Je ne sais pas ce que vous en pensez, mais moi je considère qu'une équipe ça veut bien dire ce que cela veut dire. Elle se doit par conséquent d'être solidaire et que l'on doit tous ramer dans le même sens, laisser tomber l'autre ne fait pas partie de ma façon de penser.
J'étais la dernière arrivée de l'équipe de salle, de plus j'étais censée ne plus avoir de travail dans les deux jours qui suivaient et pourtant.
Il s'avéra qu'après cela, les garçons l'avaient un peu en travers de la gorge et cela se ressentait sur l'ambiance, par rapport déjà à cette attitude de tire-au-flanc, mais aussi parce qu'elles ne cachaient pas leur joie quant au fait que je n'étais pas censée intégrer définitivement cette équipe.
Le soir de ce que je pensais être mon dernier service au sein de cet établissement, le chef nous réunissant en cuisine, juste avant le service, tint à porter un toast en mon honneur.
Je me rappelle parfaitement les mots qu'il a prononcés :
– Je lève mon verre à la jeune femme qui est face à moi pour son empathie, sa motivation et son courage, qui malgré son manque d'expérience professionnelle à ce jour, a compris l'essentiel. Malika, je suis fier de vous et au nom de toute l'équipe en cuisine, nous vous remercions pour votre solidarité et votre spontanéité.
Il termina par :
– C'est la dernière arrivée qui donne une leçon à cette (dite) équipe de salle.
Il fallait que ça sorte.

Et finalement, il disait tout haut ce que tout le monde pensait tout bas.
À ce moment précis, nous n'avions plus franchement besoin d'éclairage en cuisine, les filles étaient si rouges qu'elles illuminaient grâce à leur égoïsme dénoncé.

S'il y avait eu un trou à ce moment-là dans la pièce, je pense qu'elles s'y seraient toutes cachées.
Les valeurs enseignées par nos parents dans de pareils cas ne peuvent qu'être appréciées.
En quittant le restaurant ce samedi soir, la directrice me dit qu'elle m'appellerait pour me dire à quel moment la comptable aurait préparé mon salaire afin que l'on convienne d'une date pour que je puisse venir récupérer mon chèque et me souhaita une bonne continuation.
Voilà comment je pensai que ma première embauche dans la restauration allait prendre fin.
Le dimanche passa lentement, mes parents virent ma déception.
Le lundi passa lui aussi lentement et je ne me sentais pas la force de chercher tout de suite un autre établissement, j'en parlai avec ma mère et lui expliquai que dès le lendemain, soit le mardi, je serais réveillée aux aurores pour entreprendre de nouvelles démarches.
Elle m'encouragea et je l'entendis faire part de mon énorme déception à mon père.
L'heure du dîner approchait gentiment quand le téléphone retentit, il s'agissait de ces téléphones de l'époque dont vous vous souvenez j'en suis sûre, ils étaient filaires et placés généralement dans la salle à manger, ce qui forcément faisait profiter chaque personne présente en même temps que vous de la conversation entamée.
Ma mère décrocha et me dit que c'était pour moi, la directrice du restaurant voulait me parler.
En m'approchant du combiné, j'imaginai qu'il s'agissait juste du rendez-vous pour récupérer mon gain, mais quelle belle surprise m'attendait à l'autre bout de cette ligne !
La directrice me demanda si j'étais d'accord pour rembaucher le lendemain matin, soit le mardi.
Je lui répondis que oui, bien sûr.

Elle me dit que le chef tenait vraiment à ce que j'intègre l'effectif.
Je lâchai alors un cri de joie qui fit sourire mes parents et les rassurai instantanément. La directrice rit aussi à l'autre bout du fil en me disant qu'elle avait été missionnée par le chef et qu'elle allait lui confirmer ma réponse positive.
Elle termina en me souhaitant une bonne soirée.
J'en fis de même, la remerciai vivement et lui demandai de transmettre mes remerciements au chef. Je lui garantis alors que ma soirée allait forcément être bonne après une telle nouvelle. J'étais aux anges.
La suite fut très agréable, j'apprenais très vite dans le souci de bien faire, tel un buvard encore en calquant et copiant mes maîtres qu'étaient la directrice et le chef pour être la plus rentable et la plus efficace possible.
Mon ascension fut fulgurante, j'endossai rapidement la veste d'assistante maître d'hôtel.
À présent, je donnais les directives à mon ancien bourreau, qui non seulement était mon aînée, mais avait plus d'un an d'ancienneté, ainsi qu'à tout son troupeau.
Elle avait donc eu largement le temps de démontrer ses compétences, en fait de surtout mettre en lumière son incompétence, de même que les autres filles qui étaient là depuis plusieurs mois mais qui, visiblement, ne s'étaient pas démarquées de leur modèle.
Je compris alors pourquoi contrairement à la cuisine, il n'y avait pas de grade pour cette dite brigade et qu'elles étaient toutes serveuses, il n'y avait pas de commis, pas de demi-chef de rang, pas de chef de rang et encore moins d'assistante maître d'hôtel.
La pilule pour elle et les autres brebis galeuses était très difficile à digérer, mais je ne leur donnais pas l'occasion de se lamenter, nous étions là pour travailler, point final.
Leur regard dans le miroir par la suite ne devait pas être très flatteur, car le soir même alors qu'elles

tentaient un mini-putsch auprès du chef, menaçant de quitter les lieux juste avant ce gros service si les cartes n'étaient pas redistribuées en affirmant qu'elles refusaient catégoriquement cette promotion.
Il fallait oser quand même, elles ne manquaient pas de culot, fallait-il qu'elles aggravent leur cas ? Avaient-elles le choix de la décision ? Était-ce leur restaurant ?
Une phrase résume bien cela :
« Les cons, ça ose tout, c'est d'ailleurs à ça qu'on les reconnaît. »
Quand j'y pense aujourd'hui, j'ai encore honte pour elles toutes, car elles ne devaient sûrement pas s'attendre à ce que le chef leur dise que cela serait avec grand plaisir avec la diplomatie que l'on connaît de bien des chefs de cuisine.
La porte est grande ouverte, avait-il terminé.
Le chantage n'avait pas marché.
Normalement, j'aurais dû terminer ici, mais non.
Quand on n'a pas de figure…
Voyant que personne ne les retenait, elles restèrent.
Au secours, je me dis que ce n'était pas possible après un tel *pschitt* ; mais si.
Je ne sais pas qui a pu leur enseigner qu'elles allaient gagner le respect de tous en agissant de la sorte.
L'arrivée des clients mit un point final à ce grand moment de vie.
Par la suite, elles voulaient toutes manger dans ma main – que je ne leur tendais surtout pas –, mais mon professionnalisme était incorruptible.
Je refusai tout ce qu'elles me proposaient : friandises et boissons. Je déclinai toutes les invitations chez les unes et chez les autres, déclinai également les sorties avec le personnel après le service ; je n'acceptai que les invitations au karting avec les garçons et leur bienveillance.
Oui, j'adore la vitesse, ce qui nous a donné l'occasion de passer de très belles soirées ensemble avec le

chef qui nous organisait la soirée de chaque samedi pour marquer sa gratitude envers chacun après une semaine bien chargée avec la découverte de chaque circuit parisien et des alentours, c'était génial.
Nous finissions toujours ces belles soirées soit autour d'un verre dans un bar branché de la capitale, soit en boîte de nuit mais surtout au restaurant, quel que soit le choix dans ces fameux établissements et institutions que l'on est bien content de trouver ouverts en pleine nuit.

Notre équipe était à présent soudée par des liens indéfectibles.

La politique

Ici, là et maintenant, survolons seulement ce sujet.
En période électorale dans chaque établissement, j'aime entendre tous les échanges et points de vue concernant les personnes qui se présentent, et parfois y participer.
Cela procure une excitation particulière à laquelle je suis sensible précisément dans ces périodes. J'aime aussi observer l'influence des médias sur chaque prise de position.
Il est communément admis qu'en tant que commerçant, il n'est pas bon de donner son avis sur la politique, la religion et l'argent…
Nous devrions donc être muets et complètement effacés.
Je trouve ceci aussi étrange que de devoir laisser une feuille de salade dans son assiette, juste pour faire bien.
Moi, je ne laisse rien dans mon assiette, car, où que vous soyez cela est plutôt flatteur et encourageant pour la personne qui s'est donné du mal pour tenter de satisfaire vos papilles ainsi que le visuel de l'assiette dressée, et je ne dis pas cela parce que j'ai épousé un cuisinier.
J'ai de tout temps agi ainsi, par respect.

Revenons à nos moutons…

Eh bien justement, parlons-en puisqu'étant dans un pays libre, il serait dommage de créer ses propres barrières, chose qui me semble parfaitement inutile.

Qu'y a-t-il de mal ? Sommes-nous une sous-catégorie ? Risque-t-on d'inverser le sens de la rotation de la Terre ? Je ne le crois pas.
Alors... plusieurs hommes politiques de différents bords se trouvèrent au même moment au même endroit pour déjeuner.
Par politesse et courtoisie, ils se saluèrent avant d'aller s'installer chacun à sa table pour rejoindre leurs convives.
Comme tout être humain, chacun savoure le moment, son repas et sa boisson.
Et selon la cote de chacun, les réflexions des tables voisines fusent, beaucoup murmurent...
Il est évident que nous sommes en première ligne, puisqu'au service et il y a toujours quelqu'un qui vous interpelle en vous demandant : « Mais il vous paie sa note ? Car il a très mauvaise réputation, vous savez ? »
Je me suis toujours demandé, quel intérêt il y avait à prononcer une telle phrase emplie de médiocrité.
Mais surtout, quel type de réponse une telle question peut obtenir ?
L'esprit joueur, je rétorque naturellement :
– Vous avez raison, Monsieur, et il paraît qu'il demande à une table désignée au hasard dans le restaurant de la régler à sa place.
Un partout, balle au centre.
C'est mon côté avocate des absents qui parle, je défends toujours les absents car il me paraîtrait plus courageux et plus intéressant de parler en présence de la personne.
D'aucuns disent que toute vérité n'est pas bonne à dire. Je pense l'inverse ; au contraire, on s'y retrouve toujours dans la vérité.

Inutile de réfléchir avant de parler si l'on est serein.
J'observe ceux qui brodent au cours du récit de leur histoire, mais pour être honnête, je décroche dans ce cas très très vite d'une conversation.
Les faux-semblants ne m'intéressant pas.
Je trouve même cela ridicule, car je me dis : « Cette personne va bien finir par se rendre compte qu'elle n'arrive pas à se convaincre elle-même de sa fausse histoire. »
Ce monsieur déglutit et ses invités s'en mêlent :
– D'où tiens-tu tes infos et sont-elles fondées ?
Je repars sur la pointe des pieds, au moins j'ai lancé un sujet de conversation.
Ceci aussi est une politique, le choix de vie que l'on aspire à mener.
J'aime être détestée des personnes avec qui je n'ai aucun atome crochu, cela me laisse plus d'oxygène.
Un réel gain de temps pour soi dans la vie, non négligeable.
C'est une des clés de notre épanouissement personnel et de notre bien-être, tant physique que psychique.
Faire les choses qui nous plaisent avec qui bon nous semble.
Je n'aime pas être trop entourée. Peu mais bien me paraît être la formule qui me convient le mieux.

En dehors de ces périodes électorales heureusement, en temps normal pour chacun, il nous est possible de circuler là où bon nous semble et avec qui nous le souhaitons, enfin en dehors de cette période de confinement.
Comme je suis contente d'en avoir profité jusqu'à ce jour.
La pensée et les souvenirs sont si agréables en ces moments si particuliers.
Notre assignation à résidence généralisée ne nous laisse pour l'instant la possibilité d'observer cela qu'à distance par écran interposé.

Je fis de belles rencontres également de personnes de ce milieu, lorsque quelqu'un vous parle le langage du cœur, cette langue universelle facilite bien des choses.
La découverte d'un monde qui vous est complètement étranger est tellement intéressante lorsqu'on vous offre la possibilité de le vivre de l'intérieur, je vécus cela très tôt.
La façon de penser, les enjeux à considérer et la visibilité à long terme pour certains.
Ma curiosité m'amène à prendre beaucoup de chemins différents, situation dont je me délecte.

Chaque établissement a la possibilité de recevoir et d'être en contact avec la classe politique dans toute sa diversité. J'ai aimé et j'aime toujours être le témoin direct de tellement d'anecdotes sympas lors des moments de tensions, de doutes, de répit et de célébrations, épisodes que j'aborderai peut-être un jour dans un autre livre, mais ce n'est pas au programme actuel.
Aussi, lorsque leur énergie est appréciée et que leurs arguments sont porteurs d'espoir et d'enthousiasme, nos élus développent le même engouement.

Le pouvoir

Le pouvoir.
Pouvoir faire quoi ?
Effleurons l'indécence.
Très jeune, j'étais alors directrice de salle d'un établissement parisien renommé où j'ai eu à essuyer quelques plâtres sur les dérives que peut provoquer un individu qui n'en a pas la carrure.
Il peut avoir un pouvoir attractif sur beaucoup, un côté crunchy[8] peut s'immiscer sournoisement dans l'esprit dudit haut placé.
Je prends, je jette.
Le parfait reflet de la société de consommation que nous avions pour modèle de vie il n'y a pas si longtemps que cela, avant que n'arrive Corona.
Vous vous doutez bien de la suite, il m'est précisément arrivé que l'un d'eux me demande en dessert.
J'ai l'esprit taquin et cela peut être tourné de manière assez rigolote lorsque pas pris au sérieux.
Mais quand l'insistance devient lourde, plus personne ne rigole.

C'est ainsi qu'un jour, lors d'un service par exemple, je me retrouve face à cette célébrité qui me glisse

[8] Crunchy : croustillant.

dans la main sa carte de visite comme si celle-ci était un cadeau pour moi et, avec un large sourire, déclare allègrement devant ses amis :
– J'attends votre appel bien sûr, je sais que vous le ferez.
Et il a eu la maladresse d'ajouter :
– Vous savez qui je suis.
J'étais jeune, très jeune, mais quand même, il ne faut pas abuser.
Comme je l'ai précédemment évoqué, à mes yeux la meilleure des armes face à la bêtise c'est justement d'avoir l'air écervelée.
Croyez-moi ça marche !
Silencieuse et l'air interrogatif.
Réciprocité oblige, essentielle au cours de notre vie, et ce dans tous les domaines.
Un lourd silence suivit, et toutes les railleries ont subitement cessé.
Par obligation de retenue, c'est un concept qui équivaut au secret médical ou professionnel, je soulève les sourcils l'air de dire : alors ?
Il avait l'air tellement vexé que j'ai cru qu'il allait quitter le restaurant. Son ego mal placé était subitement révélé à ses amis à cause d'une jeunette (moi en l'occurrence).
La fierté mal placée vous renvoie immédiatement face à votre miroir.
Du haut de mes vingt et un ans, je me suis délectée de ce moment de grande solitude pour cet homme si précieux.
Je l'avais scotché, il n'avait plus rien à ajouter.

Le pouvoir que l'homme s'octroie à cause de l'argent, j'ai eu à le vivre, jeune et innocente, lorsque je travaillais au *room service* de l'hôtel de Crillon.

Un jour qui débutait comme un autre, la commande d'une bouteille de champagne Cristal Roederer fut

faite à notre poste, le QG du *room service* se trouvant au sous-sol de ce magnifique palace parisien.
L'entrée pour l'embauche se faisait du côté qui se trouvait juste en face de l'ambassade des États-Unis, comme c'est encore le cas aujourd'hui.
Mon maître d'hôtel – que j'adorais – me confia cette mission.
Il était très professionnel et malgré son air légèrement efféminé et son physique frêle, il était vraiment respecté de tous.
Je chargeai élégamment ce somptueux plateau d'un seau, lui aussi en argent, de glaçons et de la bouteille de champagne.
Les coupes étaient accompagnées de jolies fleurs déposées par mon maître d'hôtel qui vérifia mon dressage, de fraîches douceurs réalisées en pâtisserie complétaient cette commande.
Après son accord pour l'envoi, je poussai délicatement le sublime chariot Christofle jusqu'à l'entrée de la porte.
Je le plaçai discrètement sur le côté, car pour l'envoi d'une bouteille de champagne ou de vin, nous ne devions pas pénétrer dans la chambre avec le chariot.
C'était établi comme cela, seules les commandes alimentaires nous autorisaient à le pousser dans une chambre.
J'adorais ça, surtout lorsqu'il s'agissait d'apporter un repas dans la suite Marie-Antoinette avec son magnifique grand tapis bleu roi qui était si épais et soyeux que les roulettes du chariot avaient du mal à se mouvoir dessus.
Cette prestigieuse suite est placée juste en face de l'obélisque et par conséquent face à l'Assemblée nationale.
L'endroit est magique.
J'en profitais à chaque fois – avec l'accord préalable de mon si sympathique maître d'hôtel – pour aller admirer le spectacle sur la terrasse ornée de dalles de marbre pourpres et blanches.

J'étais émerveillée chaque fois que je pouvais le faire, profitant de l'absence des clients, lorsqu'il s'agissait de déposer la corbeille de fruits de bienvenue ou les autres délicates attentions.
La vie de palace est vraiment très subtile et intéressante à vivre de l'intérieur.
Sauf quand...

Au moment où j'annonçai « *room service* » devant la porte de cette chambre avant d'ouvrir avec mon pass, je portai le lourd plateau en faisant très attention à ne pas faire basculer cette bouteille de Cristal Roederer et tout le reste qui se trouvait dessus.

Quand j'entrai dans cette chambre, un homme dans le plus simple appareil avait décidé de m'accueillir au garde-à-vous, mais je ne portais aucun grade qui l'obligeait à le faire.
Juste à côté de sa main se trouvaient deux Pascal[9].
Il était américain et avait un regard clair très élégant, mais en avançant tout doucement, je me disais : « Malika garde bien le regard fixe, et ne baisse surtout pas les yeux. »

Il resta à sa place et tenta de me charmer avec un joli sourire aux dents ultra-brite, comme dans les publicités que ce pays maîtrise parfaitement.
L'air de rien, il commença à me parler en anglais avec l'accent qui phonétiquement était très marqué colvert.
Sans aucune gêne, il m'invita à boire une coupe avec lui et poussa doucement vers ma main les feuilles de papier marron.

---

[9] Pascal : billet de 500 francs.

Dès que je pus me libérer du lourd poids qu'était le plateau, je déclinai son invitation en ne le quittant pas des yeux et sortis de la chambre, l'air de rien.
Mais en fait, à l'intérieur mon cœur battait si fort que j'ai bien cru qu'il allait jaillir de ma poitrine.
À peine la porte refermée, je sentis mes jambes trembloter et je ne contrôlais plus mes mains.
Je n'en revenais pas.

Lorsqu'on est jeune, on ne s'attend pas à vivre ce genre de scène et on pense être à l'abri de ce type de comportement parce que l'on est dans un établissement prestigieux.
Ce qui est une grossière erreur bien au contraire, puisque parfois certains clients de ce genre d'établissement sont si aisés qu'ils pensent qu'ils ont tous les droits, et que tout s'achète.
La vie de palace, c'est ça aussi !

La magie peut retomber aussi vite qu'elle vous éblouit.
Il devait avoir plus du double de mon âge, mais le concept de simplement demander au concierge les services d'une fille de joie ne devait pas être à sa convenance.

Une fois enfin arrivée au QG, je demandai à parler à mon maître d'hôtel, porte fermée, dans son bureau.
Il eut tout de suite son côté protecteur envers moi et me demanda de ne surtout pas le répéter aux collègues, de ne surtout pas évoquer ce sujet tabou, m'expliqua-t-il, c'était justement à cause de cela que ce service était exclusivement masculin.
Nous n'étions que deux filles, il me dit que si cela arrivait aux oreilles de la direction, par sécurité ils se sépareraient de moi.

C'était donc notre secret à tous les deux. Par tact, après chaque demande passée par ce numéro de chambre ce

jour-là, il livra lui-même les commandes – ce qui n'était absolument pas son rôle. Puisque sa fonction était de superviser le service et le vérifier dans les moindres détails, il y alla accompagné d'un collègue.
La brigade avait tous les types de physique : lui étant frêle, il choisissait toujours un malabar.
Cette journée passée, je finis mon service, secret gardé en quittant les lieux.

Lorsque le lendemain je rembauchai, ce même homme avait eu le vice de demander à changer de suite voyant que la veille nous nous étions organisés pour éviter toute nouvelle déconvenue.
J'étais la seule fille de l'équipe, l'autre étant en arrêt maladie depuis trois longues semaines déjà.
Cette fois-ci, égal à lui-même, toujours dans le plus simple des appareils avec cette forme olympienne que je lui connaissais à présent, il avait décidé de m'attendre assis sur un joli fauteuil avec un pied posé sur un genou.
Une position qu'il avait dû bien étudier pour que je ne rate rien du spectacle qu'il avait décidé de me réserver de nouveau.
Les billets posés sur le joli meuble près de l'entrée étaient bien plus nombreux que la veille, ce qui lui avait donné encore plus d'assurance.
Il m'offrait par conséquent un plus large sourire encore, avec une bonne tête de vainqueur, étant persuadé qu'à présent j'allais au moins accepter une glace.

Vous auriez vu son visage déconfit lorsqu'il m'entendit lui dire à voix haute dès mon entrée :
– Ah non ! Pas vous ! Pas encore !
Je poussai alors son repas commandé dressé sur le chariot, car il avait utilisé une autre technique pour ne pas se faire repérer, ayant pris soin de ne surtout pas commander de champagne.

Puis je repartis aussitôt, sans aucune formule de politesse.

Mais ce visage, je le vois encore.
Il n'arrivait pas à comprendre que l'on puisse lui refuser sa demande avec autant d'argent proposé.
Je l'ai vécu.

Cependant, malgré tout il avait tenté. Qui plus est, à deux reprises, mais au moins il avait gardé ses distances, me laissant la possibilité de faire le libre choix.
Ce qui malheureusement pour moi ne fut pas le cas lorsque je travaillai plus tard au *room service* du *Marriott* des Champs-Élysées. Là, la gravité de la situation franchit un nouveau palier qu'à titre personnel j'aurais préféré éviter.

Effectivement énorme.
Alors que je descendais les si élégantes marches de cette suite, plateau chargé à bout de bras, je ne m'attendais pas à être cueillie de cette façon.
À peine le temps d'enlever mes mains des poignées de ce prestigieux plateau, que je me retrouvais enfermée dans les bras d'un mastodonte qui, à la vitesse de l'éclair, avait réussi à me placer une grosse liasse de billets sur la fente de la poche haute de la veste de mon tailleur.
J'étais prise au piège, comme attachée.

Il était si costaud et me serrait tellement fort que je commençai à manquer d'air, l'air bestial qu'il avait dans le regard me fit comprendre qu'il me fallait vite trouver une solution efficace et radicale.
Avec son accent d'ailleurs, il me demanda en anglais si j'étais de confession juive.
Malgré la peur, au fond de moi, je me suis demandé : « Pourquoi, ça change le tarif ? »

Mais en fait il venait de me donner la clé en me parlant plutôt que de me jeter telle une marionnette sur le grand lit.
Je saisis immédiatement cette chance et je ne sais comment m'est venue cette idée… vraiment !
Toujours entrelacée dans ses chaînes que ses bras constituaient fermement, je le regardais dans les yeux, nous étions à quelques centimètres et je sentais son souffle de buffle éprouvé.
Et je démarrai ma brève tentative d'extirpation, il fallait que ça marche du premier coup.
Aucune deuxième chance possible.
J'eus l'idée de lui demander s'il aimait les fortes poitrines.
Quel homme aurait dit non ?
Ceci alors qu'il était déjà entré en transe, en l'interrompant brusquement, alors qu'il me disait que j'étais son sandwich parfait et rêvé pour cette belle matinée.
Toujours avec son accent anglais, parfois incompréhensible.

Mais je n'étais pas là pour tenter de chercher à comprendre quoi que ce soit, je voulais juste fuir.
Courir vite, très très vite même, car sa corpulence l'empêcherait de me rattraper.

Ma stratégie fut de lui proposer ma « soi-disant » sœur qui travaillait dans ce même service, mais qui d'après mes dires était dotée d'une forte poitrine que je n'ai pas.
Comment cela a-t-il pu marcher ?
Il m'a crue !
Il m'était donc parfaitement inutile de courir pour accorder un peu plus de crédit à ma proposition.
Ne le laissant pas réfléchir, je pris la grosse liasse de billets qu'il m'avait glissée dans la poche, la posai délicatement sur le buffet en lui disant :

– Vous n'aurez qu'à lui remettre ceci en direct, installez-vous confortablement, elle va arriver dans les cinq minutes, elle est encore plus belle que moi.

Comme ces minutes m'ont paru longues, une éternité. J'entendais les trop bruyants battements de mon cœur et tentais de contrôler tant bien que mal ma respiration, afin de ne laisser transparaître aucune faiblesse qui aurait pu redéclencher son appétit de chasseur.
J'entrevis la gourmandise que je venais d'éveiller dans son regard.
Puis je remontai, l'air tranquille toutes ces marches que je voulais enjamber deux par deux.
Arrivée en haut, je me retournai pour bien enregistrer son visage et lui dis poliment :
– Au revoir, Monsieur.
C'était mon merci.

Ce jour-là, sous la contrainte, je dus quitter mes fonctions en remettant vraiment à contrecœur ma démission à mon maître d'hôtel Thierry que j'adorais et que j'admirais beaucoup.
C'était vraiment à grand regret, cela me fendait le cœur, j'adorais ce lieu si somptueux et insoupçonné de l'avenue des Champs-Élysées, et je savourais surtout ma collaboration auprès de Thierry qui avait un professionnalisme exemplaire et son côté humain me ravissait.
Nous avions beaucoup de respect l'un pour l'autre.
Il voulait absolument que je reste et a tenté de me convaincre d'accepter un autre poste afin que nous poursuivions la parfaite entente et synchronisation qui nous liait et pour continuer surtout à travailler ensemble.

Mais la magie était brisée.

J'étais fissurée et vexée d'avoir eu à vivre, aussi rapprochées, ces deux expériences dont je me serais bien passée.
Je quittai définitivement le *room service.*

Il faut faire preuve de beaucoup de psychologie pour rester courtoise.
En cela, la sophrologie est une excellente base supplémentaire que j'ai découverte lorsque j'étais enseignante.

L'enseignement

Studieuse, après le bac et mon diplôme de brevet d'éducatrice sportive niveau 1 en poche, puis celui de juge, tout cela en parallèle d'une école d'enseignement commercial à Bois-Colombes puis à Courbevoie, j'ai plongé dans l'univers de l'entraînement et l'enseignement de la gymnastique sportive et artistique sur agrès – poutre, sol, barres et saut de cheval – pour des jeunes filles âgées de six à seize ans.

Au sein du club sportif LSOC (Loisirs Sportifs Olympiques de Colombes) et au RAC (Rueil Athletic Club).
C'est impressionnant comme on apprend auprès des enfants, et très tôt leurs traits de caractère d'adultes en devenir se dessinent.

Cruellement et attendrissant parfois, une panoplie bien élaborée que j'allais avoir le temps de découvrir le reste de mon existence.
Pour moi, ce fut une excellente base de vie car la clairvoyance aide quand même énormément dans la projection du parcours de chacun.
J'ai beaucoup aimé cette période et les multiples souvenirs demeurent intacts.

J'étais moi-même en pleine construction mentale, physique et psychologique, puisque je sortais à peine de l'adolescence.
Comment cela est venu à moi ? Car c'est la juste expression.
J'étais inscrite depuis plusieurs années au club de gymnastique de Colombes, club qui deviendra plus tard mon tout premier employeur.
J'y évoluais enfant après l'école, je trouvais déjà qu'il était très intéressant d'avoir, bien que ce soit un sport individuel, l'obligation de tenter de bien faire, car en compétition, à sa propre performance s'ajoutait l'esprit d'équipe pour le classement de chaque club.
Plus tard, adulte, je compris mieux la tension palpable et à l'époque incompréhensible à mes yeux de gamine, cet enjeu qui se ressentait non seulement auprès des entraîneurs, mais également du bureau puisqu'en tant qu'association de loi 1901 constituée du président, du trésorier, du secrétaire…
Les résultats de nos compétitions déterminaient les demandes de subventions auprès des mairies, qui elles dépendent du ministère de la Jeunesse et des Sports ainsi nommé à cette époque.

À ce moment, je vivais encore chez mes parents à Colombes, quand un jour mes deux entraîneurs vinrent frapper à la porte, demandant ainsi à discuter avec mes parents et moi-même.
C'est alors que je découvris le projet qu'ils avaient, celui de me prendre sous leur aile pour m'accompagner dans cette formation qu'est l'enseignement d'un sport auprès des plus jeunes.
Comme leur marque de confiance m'a touchée et comme mes parents étaient fiers de moi, je vois encore leurs yeux brillants tellement ils étaient flattés.
Il faut dire que les deux entraîneurs avaient un excellent niveau et de très bons résultats avec leurs gymnastes.

Effectivement, ils m'ont mis le pied à l'étrier, accompagnée, conseillée et protégée aussi.
Car c'est à ce moment-là que j'ai découvert les individus que sont les parents sous un autre angle dès qu'il s'agit de leur descendance.
Convaincus que leur *choupette* était forcément la future Nadia Comăneci.
Mon très jeune âge et mon visage juvénile ne m'ont, à cette époque-là, pas beaucoup aidée, bien au contraire. Je dirais même qu'ils étaient un handicap.
Car allez convaincre de votre instruction quand vous paraissez sortir tout juste du ventre de votre mère.
Les mois passés et ma pédagogie ont fait le reste du travail.
J'ai ensuite pu découvrir les bons côtés des milieux associatifs.
J'ai beaucoup apprécié l'investissement personnel des membres du bureau cherchant constamment des idées innovantes pour que non seulement chaque enfant ait la possibilité de s'accomplir, mais aussi que les parents puissent se sentir impliqués dès que les occasions se présentaient à nous tous, et enfin que le club soit attractif pour les adhérents, et que les profs, enfants et parents s'y sentent bien.
J'ai adoré la qualité d'écoute qui m'a été offerte, ainsi qu'à mes collègues lors de chacune des nombreuses réunions passées, par ce même bureau qui nous respectait beaucoup.
Nous étions complémentaires de par nos connaissances différentes quant à la pratique de l'enseignement de la gymnastique en elle-même et la gestion par ce bureau de la totalité des dossiers.
À aucun moment je n'ai ressenti le fait que quiconque souhaitait empiéter sur le terrain de l'autre.
Le but unique étant le projet commun de l'épanouissement de chaque enfant en tenant compte de toute la palette que cela implique, le rythme de chaque

gymnaste face à l'apprentissage de ce sport si complet, le milieu familial dans lequel l'enfant évoluait avec pour certains les difficultés qu'ils connaissaient et qu'on tentait de gommer dès lors qu'ils rentraient dans notre bulle que sont les gymnases, les faiblesses psychologiques ou physiques à surmonter pour certains et l'avancée sereine pour d'autres.
Une expérience très enrichissante sur le plan humain.
Tout cela était très intéressant et a aiguisé davantage mon sens de la pédagogie qui constitue une vraie qualité lorsque l'on évolue par la suite dans une profession qui vous dirige vers l'autre.
Le milieu associatif vous implique complètement à tous les niveaux, humain et matériel, que ce soit de l'achat de l'équipement avec les dernières innovations techniques ou les objectifs à atteindre lors des compétitions à venir. L'organisation dans ses moindres détails, des stages pour les gymnastes à programmer dans le courant de l'année, tout en veillant à l'entière prise en charge des enfants, que nous devions conduire vers l'excellence et les accompagner pour leur devenir…
Une boîte de Pandore que j'ouvrais bien volontiers.
Nous faisions tout, jusqu'à ce concours organisé par le bureau pour le projet concernant la création et l'innovation d'un nouveau dessin pour le logo du club et la conception d'un nouveau justaucorps que chaque gymnaste porterait au cours des compétitions et démonstrations – concours que j'avais gagné haut la main à ma grande surprise au cours du vote au sein du bureau à cette occasion.
J'ai adoré ces moments qu'impliquait cette belle recherche. Les brouillons et les essais, l'apprentissage du dessin que je m'étais imposé pour honorer la demande du président quant au souhait émis pour la création de ce précieux nouveau logo, des nouveaux codes couleur et surtout du justaucorps.

Chacun d'entre nous avait remis son projet de manière totalement anonyme. L'idée était de garder la fraîcheur de la découverte, ce qui juste avant le vote ne pouvait être que bénéfique, avec la garantie de n'influencer personne.
Nos dessins ont tous été minutieusement étudiés, analysés et soumis au vote.
Ce fut très gratifiant et cela avait suscité davantage d'admiration aux yeux des petites à mon égard.
Une belle époque. J'ai gardé ces fameux croquis et dessins, cependant j'ai pu observer qu'une fois la page tournée, c'était définitif – dans ma tête tout au moins – car ce diplôme me donne la possibilité d'enseigner à vie si je le souhaite.
Mon regard s'illumine davantage lorsque je savoure encore aujourd'hui les photos des *choupettes* fières de porter leur nouveau justaucorps lors des entraînements et compétitions.

La compétition

L'esprit se forge dans la réussite et dans l'échec.
Le second me paraît toutefois plus important, pour mieux s'endurcir et tenter de faire face aux différentes épreuves que nous réserve la vie.
Comprendre ou tenter de le faire est une sensation très salvatrice.
La compétition m'a guidée vers des endroits magiques qui à cette époque me faisaient rêver par écran interposé : que ce soit le POPB[10] pour l'organisation des Championnats du monde de GRS[11] avec les gymnastes à l'international et leur spectaculaire souplesse, le stade Charléty pour l'organisation des premiers championnats d'aérobic, les premiers masters de gymnastique.
Le stade Coubertin...
Tout cela sous l'œil attentif du directeur technique national.
Cette période fut l'occasion de plusieurs belles rencontres.
Malgré la rivalité, une sympathie s'installe avec la reconnaissance de chacun, et l'on finit par devenir comme une grande famille.

---

[10] POPB : Palais Omnisports de Paris-Bercy.
[11] GRS : Gymnastique Rythmique et Sportive.

Chacun était conscient de l'effort à accomplir. Le goût de l'effort est essentiel pour l'équilibre humain, me semble-t-il.
Je me suis délectée de mon passage à l'INSEP[12] avec Madame la Ministre de la Jeunesse et des Sports, Madame Frédérique Bredin, si efficace. Elle a beaucoup œuvré pour favoriser l'accès à tous au sport, et ce dans différentes disciplines.
Les réunions étaient non seulement intéressantes, mais très vite concrétisées sur le terrain.

Par la suite, nous nous étions revues au *Fouquet's* dans un premier temps pour la réussite du club de boxe française de Colombes, où j'évoluais avec le talentueux entraîneur Fathi Mira, Thierry et Fred ; ce dernier avait de plus lancé l'association Droit de Cité dont je reparlerai plus tard.
Le trio infernal. Ces trois boxeurs raflaient tous les titres de la savate[13] et étaient très sympathiques.
Mon deuxième entraînement m'avait particulièrement marquée, j'étais alors novice et en période de découverte, car pas encore inscrite.
Lors d'un assaut[14], l'adversaire largement tatoué qui se présenta devant moi faisait trois fois mon volume et deux fois mon âge, ses pectoraux semblaient vouloir déchirer son débardeur et pour couronner le tout il n'avait pas l'air sympathique du tout, une vraie tête de tueur au crâne chauve.
Il y a certains hommes qui ne supportent pas la présence féminine dans une salle de boxe et il avait bien l'intention de me le faire comprendre.
Nous étions au sol par binôme et le ring était occupé par les pros.

---

[12] INSEP : Institut National du Sport, de l'Expertise et de la Performance.
[13] La savate : boxe française pieds/poings.
[14] Assaut : temps d'entraînement chronométré.

Je compris dès le gong qu'il voulait me démolir, il visait mon plexus, il réessayait, il tapait fort... très fort, encore et encore.
J'ai tenté de résister et il a fini par me piquer.
Je me suis effondrée net !
La sensation d'étouffement lorsque l'on vous tape fort au plexus est très douloureuse et il est assez difficile de retrouver son souffle.
J'étais à terre, le coq était fier du triste tableau qu'il offrait à tous, le taureau avait écrasé la crevette.
S'est ensuivi un « STOP ! » hurlé par mon entraîneur Fathi.
Tout le monde m'entoure et s'inquiète de mon état.
Le bourrin se fait prendre à partie par les autres.
L'entraîneur s'approche à un centimètre du nez de Musclor et lui dit :
– Monte sur le ring !
Tous les licenciés avaient cessé de s'entraîner pour voir la correction qui allait lui être infligée.
C'était surprenant, comme la technique si précise et imparable de Fathi avait effacé subitement la corpulence de cet individu.
On aurait dit un pantin qui se faisait malmener.
Une vraie leçon pour moi.
La cloche retentit, fin de l'assaut.
Le phacochère avait changé de couleur et l'entraîneur lui dit :
– Je vais t'apprendre à boxer avec une femme et à la respecter surtout !
Je n'avais qu'une envie : lui sauter au cou pour le remercier du spectacle qu'il nous avait offert, mais surtout pour la protection à mon égard qu'il avait fait savoir à tous en deux minutes.
Mon ange gardien. C'était il y a longtemps et il faut reconnaître que les femmes dans lesdits « sports d'hommes » n'étaient pas vraiment les bienvenues. Nous étions une minorité de six sur plus d'une

cinquantaine de licenciés, je pense. Je me suis délectée par la suite des séances d'entraînement qui visaient à acquérir la technique de cette belle discipline.

Contrairement à ce qu'il aurait dû se produire, alors que j'étais vexée et blessée, cela aurait pu me décourager.

Bien au contraire, je confirmai mon inscription au sein de ce club qui m'avait donné la sérénité nécessaire pour évoluer.

Avec ma souplesse que m'avait apportée la gymnastique, j'étais particulièrement à l'aise et, paraît-il, relativement douée.

C'est pourquoi mes deux entraîneurs m'avaient très vite prise en charge, Fathi pour le passage des gants et Fred qui m'avait motivée en me disant qu'il allait faire de moi une championne.

À peine membre du club, ils m'ont inscrite à un stage d'une semaine à Marseille où j'ai passé mes tout premiers concours haut la main et découvert la somptueuse plage du Frioul.

Je revins directement avec mon gant rouge, alors qu'en temps normal, comme pour le karaté, il y a d'autres couleurs à passer avant. En l'occurrence le gant bleu et le gant vert.

Mon *fouetté figure* était mon arme secrète, il était devenu imparable et passait à tous les coups, parfois je réussissais à placer un hélicoptère[15], une belle figure aérienne.

Très peu de temps après cela, je montai encore d'un grade lorsque je me suis inscrite au concours pour le passage du gant blanc, que là encore j'ai passé sans difficulté.

Puis le club, en partenariat avec le ministère de la Jeunesse et des Sports, organisa une tournée dans toute la France grâce à l'engagement tenu par Madame Frédérique Bredin.

---

[15] Hélicoptère : figure acrobatique en boxe française.

Étaient prévus le car des artistes et le car des sportifs, avec toute une panoplie de généreux sponsors. Les places étaient chères et encore plus du côté des filles. Étant la dernière inscrite, je n'osai même pas caresser l'espoir de m'y projeter.
Et pourtant, j'ai été détectée et choisie avec la plus ancienne du club.
Quel honneur ce fut pour moi !
Je ne remercierai jamais assez mes entraîneurs de m'avoir donné une telle possibilité si enrichissante.
Au programme, une démonstration quotidienne de boxe française qui se finissait par un concert où se produisaient des artistes. Je me souviens des tout débuts de Peter Brada qui changera de nom par la suite.
Une très belle tournée, bien encadrée, bien organisée, gravée à jamais dans ma mémoire.
À cette époque, nous étions aux antipodes des jours si particuliers que nous vivons en raison du coronavirus, lequel nous impose une distanciation sociale, peut-être même sociétale. L'ambiance était alors fraternelle, solidaire et amusante à la fois.
Une sacrée aventure humaine.

La confiance

S'il est bien une chose que l'on m'accorde depuis toujours, et très vite en règle générale, c'est bien cela. Quel délice de pouvoir apporter une sérénité si rare ! Si constructive lorsqu'elle n'est pas écornée.
Parfois, je me demande si à notre époque ce mot qui paraît si désuet aux yeux de certains ne devrait pas être supprimé du dictionnaire.
Je ne sais comment on en est arrivé à ce point de méfiance de l'autre chez certains, mais surtout comment les gens peuvent confondre la confiance et l'idiotie parfois.
Encore une question laissée sans réponse.
Mais ô combien je la savoure, lorsque instantanément, dès la première rencontre, on me l'accorde sur un simple échange de regards.
Un client accompagné, dégustant son repas, me dit un jour que j'avais le « physique intelligent ».
Il a poursuivi en développant son propos et en m'expliquant qu'il vivait la moitié de son temps aux États-Unis et l'autre moitié en France. Il a ajouté qu'il étudiait le langage corporel pour tenter de comprendre le pourquoi et l'enseignait outre-Atlantique.
Il me demanda s'il n'était pas fréquent, par exemple, que lorsque j'effectuais des achats en boutique, il arrive régulièrement que l'on me prenne pour une personne faisant partie du magasin.

S'il ne m'était pas déjà arrivé que, dans un avion, on me prenne pour une hôtesse de l'air.
Si l'on ne m'avait pas demandé conseil, convaincu que j'étais une avocate. Et si...
J'ai répondu par l'affirmative à toutes ces interrogations.
À mon tour, je lui ai demandé s'il lui était déjà arrivé qu'on le suspecte d'être un espion.
Tout comme j'étais en train de le faire à cet instant.
Puisque, me concernant, cela me paraissait louche d'être aussi juste sur tous les points cités.
Je lui ai même demandé s'il s'agissait d'une caméra cachée et le félicitai pour son enquête rondement menée.
Ses convives et nous-mêmes avons bien ri.
Mais... confiance accordée souvent, mais malheureusement, pas toujours.
J'aurais dû me déplacer avec un miroir géant, parce que là, la médiocrité de la suspicion que je vais vous décrire vaut son pesant d'or, vous comprendrez au moment de la description du personnage.
Ce qui m'amène directement dans le VIIIe arrondissement de Paris où j'ai fait connaissance avec la bêtise.
Nommée directrice de salle à l'âge de vingt et un ans dans cette brasserie parisienne qui était une véritable institution, je n'en communiquerai pas le nom car mon récit à venir ne va pas être très flatteur à son sujet.
Si je peux, car cet établissement a été vendu et rebaptisé sous une autre enseigne.
J'étais donc au R.M.
Comment suis-je arrivée ici ? Ce fut après un bref passage dans un restaurant à Levallois où un seul service avait suffi à me faire comprendre que je n'y avais pas ma place.
Je m'entendais pourtant bien avec la direction qui se composait d'un trio masculin d'associés normalement

bien pensé avec le chef (l'organe vital, central de chaque établissement), le directeur de salle (la colonne vertébrale de chaque restaurant) et la Carte bleue (sans qui cet établissement n'aurait pas vu le jour) n'étant pas de ce métier bien évidemment et pour lequel c'était la fête tous les jours, mélangeant tout : copinage, vie sexuelle, concours d'alcoolémie et produits stupéfiants…
Stupéfiant ? Je m'arrête là.
Le décalage entre ma tenue vestimentaire pour ce premier service n'avait rien à voir avec le reste de l'équipe qui devait prendre la salle pour un terrain de jeux.
Lors du briefing[16], le directeur ne manqua pas de me citer en exemple face aux chiffons qui se trouvaient devant nous l'air hagard et les yeux complètement embrumés.
Chose qu'il ne faut absolument pas faire pour souhaiter la bienvenue à une jeune recrue. Je me dis cependant que ce n'était pas grave puisque j'avais compris le décalage qu'il y avait entre cette équipe et moi-même lors du repas du personnel pendant lequel je crus halluciner tant leurs propos étaient incohérents ; je craignis alors le pire pour le service.
Visiblement ici c'était normal, il n'y avait rien à fêter.
Comble du délire, la Carte bleue me demanda, devant tout le monde attablé, de venir m'asseoir sur ses genoux pour admirer son nouveau joujou… non, pas ça !
Ah, vous y avez cru hein ! Il voulait dire sa nouvelle voiture, une Porsche rouge.
Je fis la sourde oreille et c'est donc de loin que je vis le bolide sur la photo qu'il secouait fièrement. Il était déjà à ce moment bien éméché.
Bon, entre parenthèses, je trouvais que cette couleur qui est ma couleur préférée allait mieux au « Cavallino rampante » mais l'auto avait l'air jolie.

---

[16] Briefing : réunion.

Cela n'avait choqué personne, cette proposition passait visiblement bien aux yeux de tous, et l'air tranquille que prenait ce patron face à ma non-réponse ne semblait pas déranger non plus, du grand n'importe quoi.
Après cela, que signifie un briefing face à des zombies à l'air ahuri ? Je cherchais la caméra.
Mais il n'y en avait toujours pas, pas de caméra cachée, j'avais honte d'être ici. Pourtant, l'établissement était agréable, seules les personnes n'allaient pas, à part le chef et le directeur de salle. Cela étant dit, je ne pouvais manquer mon engagement pour cette journée spectacle.
À la fin du service, la Carte bleue était partie cuver et je décidai de ne saluer que le chef et le directeur en leur présentant mes excuses et les raisons visibles pour lesquelles je déclinai leur très belle proposition quant au poste à occuper et au salaire proposé.
Je leur souhaitai beaucoup de courage pour supporter cela.
Juste après, ma candidature fut retenue dans trois établissements prestigieux au même moment : au *Crillon* où là encore les histoires très croustillantes n'ont pas manqué, au *Marriott* des Champs-Élysées et au *Sheraton* de Roissy.
J'adorais ça, j'étais à la fleur de l'âge et j'avais une soif d'apprendre inextinguible.
Je bossais comme une dingue. J'enchaînais non pas les trois-huit, mais les trois-six qui, avec les temps de trajet que j'effectuais entre chaque emploi, la musique à fond dans ma voiture, me laissaient quatre petites heures par nuit pour recharger les batteries. Chaque jour à ce rythme, et ce six jours sur sept.
Le septième jour étant réservé et dédié à la visite à mes parents car l'oiseau avait quitté son nid et pris son envol.
Bien que mes parents me l'aient maintes fois proposé, je n'ai accepté aucune aide de leur part, je me devais

de leur prouver que je pouvais m'en sortir seule, surtout en leur rappelant que de leur côté, jamais personne ne les avait aidés.
Ils respectaient mon choix et m'observaient bien à chacune de mes visites pour voir si la pente n'était pas trop raide pour moi. Je les rassurai en leur disant que j'avais, à mon avis, économisé suffisamment en cas de pépin professionnel pour pouvoir régler chaque mois la garantie d'un toit et m'acheter l'essentiel, c'est-à-dire, à mes yeux, un lit et un réfrigérateur, car c'est effectivement ce que j'ai eu dans cet appartement pendant un bon moment, sachant qu'à présent je devais assumer seule toutes mes dépenses.

Je me sentais tout à fait à l'aise lors de ma pendaison de crémaillère, regrettant seulement certaines de mes indélicates invitées, lesquelles se permirent de critiquer le peu de meubles (il n'y en avait aucun), le manque de vaisselle et les planches nappées que j'avais posées sur des tréteaux. J'avais pourtant dressé pour les recevoir une quantité suffisante de nourriture et de boissons dans des assiettes en carton, gobelets plastique et serviettes en papier. À mon jeune âge, je pensais que tout avait été fait pour que l'on passe tous un bon moment ensemble.
Pour moi, rien d'anormal, mais la méchanceté gratuite trouve toujours une oreille.
Parmi elles, celles qui étaient nées avec une cuiller en argent dans la bouche et qui devaient s'attendre à boire du Cristal Roederer à profusion plutôt que des sodas et du punch, espérant sûrement des cocktails explosifs non liquides qu'il n'y avait pas non plus chez moi.

Bien que du même âge, nous ne partagions décidément pas les mêmes valeurs, je me rendis encore compte que je n'avais rien à voir, que j'étais en décalage total.

Erreur de casting.
En les entendant ricaner, je me posai la question de l'utilité de leur présence chez moi. À quoi bon avoir des copines et des copains si c'est pour vivre ça ? Inutile, totalement inutile.
Cette cuiller, je pensai, avait dû rester trop longtemps dans leur bouche, car à chaque fois qu'elles prononçaient une phrase, une odeur de mesquinerie se répandait dans l'appartement. Cette soirée, ratée à mes yeux, me servit de leçon puisque par la suite je n'invitai plus personne chez moi. Cela me prit du temps, certes, mais je voulais absolument que ce soit mon cocon.
Une protection face aux coups qui m'étaient infligés gratuitement. Mais une chose est sûre, la saveur de quelque chose obtenu grâce à la sueur de son front reste un sentiment exceptionnel.
Les seuls dorénavant autorisés à pénétrer chez moi seraient mes parents, car les armes qu'ils avaient à brandir face à mon innocence étaient l'amour et la générosité.
Un amour incommensurable envers moi et une parfaite réciprocité. Question générosité, ma mère mettait un point d'honneur à préparer pour nous trois un festin avec mes plats préférés.
Au-delà du fait qu'elle me disait qu'elle tenait à ce que ce soit elle qui cuisine et qu'elle préférait tout apporter de chez elle pour m'épargner ce temps nécessaire pour cuisiner, je comprenais pertinemment qu'ils souhaitaient tous deux que je garde mes trois kopecks pour que je puisse me meubler, faire mes courses et faire face à d'autres dépenses.
La bienveillance à l'état pur et la bonté même.

Pour l'instant, restons sur ce qui m'a conduit au R.M. Un jour, le directeur de salle de l'établissement situé à Levallois – qui avait gardé mes coordonnées – me

contacta, insistant bien sur le fait qu'il avait gardé intact le souvenir de mon professionnalisme, exercé à l'époque dans des conditions impossibles. Il me fit savoir clairement qu'il voulait me débaucher du *Crillon* (qui se trouvait qu'à quelques mètres à vol d'oiseau).
Le microcosme du monde de la restauration est une réalité, un monde dans un monde.
Tout se sait, qui fait quoi et où.
Comment chacun marque son passage dans un établissement de manière honorable ou le contraire.
Il me pria d'accepter son offre et me proposa de venir en discuter sur place, de vive voix, et ce le plus tôt possible.
J'avais alors vingt et un ans et fus promue directrice de salle. Mon challenge allait être de me faire entendre par une équipe au service, en place depuis toujours, sachant que certains avaient plus de vingt ans de maison et que le dernier rentré avait quinze ans d'ancienneté.
Vous voyez le tableau, et j'imagine que vous comprenez aisément que cette mission ne fut pas des plus reposantes. Mais comme elle était intéressante, et que j'avais du pain sur la planche, je me retroussai vite les manches.
Cette explication préalable est nécessaire pour comprendre les enjeux liés à mon choix lorsque ce patron me fit cette offre. Il ne fallait pas que je me trompe car, pour ma part, un retour à la case départ était inenvisageable.
Je suivis mon instinct et pris ma décision très rapidement, le goût du risque peut-être, l'inconscience de la jeunesse sûrement !
Là encore, il y avait association ; donc le même directeur, Didier, et le même chef, Laurent, que j'avais rencontré à Levallois, tous deux venaient de s'associer à un troisième homme, Denis, avec qui mon enthousiasme allait être mis à rude épreuve.
Ce monsieur avait hérité il y a plusieurs années auparavant de cet établissement, enfin c'est ce que je crus

comprendre car il n'était ni bavard ni sociable et son allure négligée me dérangeait.
Ce que je ne manquai pas de faire savoir à Didier lorsqu'il me le présenta bien qu'il se soit au préalable réfugié dans la cave pour ne pas me voir et surtout ne pas m'accueillir.
J'étais chez lui et il refusait de venir faire ma connaissance et me saluer. L'heure était grave. D'ailleurs, je compris que son cas relevait de la psychiatrie avant même de le rencontrer.
Malgré les nombreux appels de Didier du haut des escaliers sous le zinc, comme on le rencontre souvent dans les brasseries parisiennes, Denis refusa de monter en salle, je proposai donc à Didier que ce soit nous qui descendions à sa rencontre, et juste avant je lui demandai s'il était coutumier de ce comportement.
Il me répondit par l'affirmative et qu'il agissait ainsi dès que quelque chose le contrariait et il ajouta :
– Il n'y a pas de femmes ici, il les craint mais surtout, c'est un troglodyte. Un vrai, il a grandi comme ça je ne sais où en France avec ses parents.
– Ah oui, un vrai ? On en est là. Allons-y, je serai fixée.
Waouh ! À cette description, je me demandai quelle bête nous allions trouver en bas et surtout dans quel état, au milieu de toutes ces bouteilles de vin.
Moi qui ai toujours eu une curiosité et une fascination pour les troglodytes, je compris que ce n'était pas lui qui allait contribuer à perpétrer cette admiration alors que je descendais ces petites marches, veillant surtout à ne pas faire une entrée fracassante, car la gamelle était quasiment assurée.
Je me disais : « Prépare-toi à tout : un homme à deux têtes ou bien à trois yeux ou… »
Pendant ces quelques secondes de descente d'escalier, j'essayai d'imaginer le pire afin de minimiser la réalité face à mes scénarios catastrophe imaginaires.

Il fallut le chercher car il s'était *vraiment* caché. Pendant notre recherche au milieu de ce bazar sans nom, je questionnai Didier :
– Quel âge a-t-il ?
– Cinquante-cinq ans.
– A-t-il du mal à se déplacer ?
– Non.
– A-t-il déjà été marié ?
– Non.
Enfin, tout au fond de la cave, nous l'avons trouvé debout faisant semblant de ranger.
Il était un peu plus grand que moi, les cheveux grisonnants et plutôt d'aspect négligé.
Je ne lui tendis pas la main, un simple bonjour me paraissait suffisant.
Didier me présenta à lui, mais il prit l'air d'être vraiment occupé. Alors je lui dis que je trouvais les pierres apparentes de cette cave sublimes, mais qu'elles n'étaient pas vraiment mises en valeur. J'ajoutai que s'il le souhaitait, je pouvais prendre en charge le nettoyage et la restructuration de cette cave, qui à mes yeux avait un cachet incroyable, et que pour ce faire, je viendrais travailler gratuitement le week-end même si cela risquait de prendre un petit peu de temps.
Didier tapa des mains, ravi de ma suggestion, et proposa de venir m'aider, il me fit savoir qu'il demanderait aux cuisiniers leur participation pour remonter et trier ce qu'il y aurait à jeter.

Il rajouta :
– Super ! C'est de quelqu'un comme toi dont on a besoin ici, car tout est resté figé en l'état depuis plus de vingt ans et on a besoin de ton énergie.
Un large sourire aux lèvres, il se tourna vers Denis et constata non seulement son manque d'enthousiasme (avec un regard qui aurait fait passer la corde

au moindre dépressif dans les parages), mais avec en prime comme un air de suspicion à mon égard.
Ce qui fit perdre immédiatement le sourire de son associé et le mit en colère, prenant ma défense.
J'étais mal à l'aise et proposai à Didier que l'on remonte et que nous passions à autre chose.
Il était inutile d'insister et de perdre notre temps, la situation était bloquée, mais surtout nous avions un service à démarrer.
Après ce premier service, je demandai au reste du personnel si Denis allait se décider à monter à un moment ou à un autre.
Mangeait-il à la table du personnel pour le dîner ?
C'est d'ailleurs à l'occasion de ce fameux premier repas que j'eus l'occasion de me faire ma propre opinion.
Pendant que nous discutions, tentant de faire connaissance et de nous détendre, je l'entendis se plaindre auprès de Didier à l'autre bout du zinc et je perçus des bribes de phrases auxquelles je me refusai de croire, pensant que j'avais dû mal entendre, comme ils étaient situés assez loin de nous.
Puis, Didier partit en claquant la porte vitrée du restaurant.
Aussitôt, le troglodyte profita de son départ pour mettre un CD de blues volume sonore au maximum pour mettre fin à nos conversations et nous miner le moral.
En fait, cela signifiait clairement, je suis chez moi et je fais ce que je veux.
J'étais directement visée, il me le fit comprendre en me jetant un bref regard pour appuyer son message qui était pourtant déjà limpide.
Je questionnai rapidement l'équipe, leur demandant s'il faisait souvent ça.
Ils hochèrent tous la tête, résignés, et un cuisinier ajouta qu'il le faisait surtout volontairement dès que l'on rigolait à table ou qu'il voyait que l'ambiance était bonne au cours du repas du personnel.

Phrase à peine achevée, je bondis derrière le zinc et me plaçai juste en face de lui, le bras tendu pour atteindre le bouton du volume de cette musique assommante, le baissai d'une traite et lui déclarai que ça n'allait pas se passer comme ça, et qu'il allait nous laisser manger dans le calme. J'ajoutai que c'était le moment de retourner se cacher dans sa cave puisqu'il n'avait pas le courage de me dire en face quel était le problème avec moi, et pourquoi il refusait de faire ma connaissance.

Je terminai :

– À part donner l'envie aux gens de se suicider avec votre musique morbide, il serait peut-être bien que vous me montriez ce que vous savez faire puisque vous êtes l'un des trois patrons.

Il fut surpris par mon aplomb et marmonna dans sa barbe quelque chose d'inaudible. Alors que je lui demandai de répéter, Didier revint dans le restaurant et constata la scène, clope accrochée à sa lèvre inférieure car bouche ouverte.

Il lui dit :

– Qu'est-ce que t'as encore fait ?

Sans que je m'en rende vraiment compte, aveuglée que j'étais par la colère, toute l'équipe était debout et s'était approchée de nous, prête à intervenir si ça tournait mal.

Didier lui imposa une balade, ce qui nous accorda un peu de répit avant l'arrivée des clients.

C'est drôle, mais dans ce genre de situation, alors que l'on savoure l'accalmie, l'observation des attitudes et des regards des personnes qui partagent votre repas vous donne la capacité de prédire de qui viendront les futures tensions.

Les futurs ententes et désaccords naissent souvent de ce type de moment.

J'étais prévenue et ma garde était levée. C'était préférable car, effectivement, les tensions venant des

deux plus anciens se confirmèrent dès le lendemain matin car ils n'avaient pas l'intention de respecter les directives données par la toute jeune fille que j'étais, alors âgée de vingt et un ans, et ils ne comptaient pas changer leurs habitudes confortablement instituées en présence de leur patron, ce dernier étant en fait plutôt absent, puisqu'il fuyait aussi les clients.
Ils faisaient donc ce qu'ils voulaient, quand ils le voulaient.
Ils me firent tourner en bourrique pendant une semaine.
La semaine suivante, je convoquai toute l'équipe en leur expliquant que la récréation était terminée, et je les prévins que les choses allaient radicalement changer en tout point à compter de ce jour.
Comme leur rébellion m'a rendu service, et combien j'ai appris sur le sens de la diplomatie !
Les jours passèrent, cependant je pus constater très rapidement qu'il y avait un problème à propos des pourboires que je partageais avec toute l'équipe deux fois par jour ; chaque maison a son mode de fonctionnement concernant le partage du tronc commun.
Ici, c'était après chaque service. Je décidai donc de laisser ce système inchangé. Toutefois, la somme que je comptabilisai le soir, avant de dispatcher auprès de chaque collègue, ne me paraissait pas en adéquation avec le nombre de couverts, parce que le soir, il y avait plutôt une clientèle internationale, essentiellement américaine.
Et cette clientèle est particulièrement généreuse en pourboires.
Je ne dis rien à personne et décidai de mener mon enquête.
Quel ne fut pas mon étonnement lorsque je surpris la main dans le sac, Denis, le patron de l'établissement ! J'étais suffisamment loin pour qu'il ne se rende pas compte que je l'observais.

Les jours défilèrent et j'avais réussi à comprendre à quel moment il opérait, je le laissai faire pour voir jusqu'où allait son manège.
Bien qu'il soit chez lui, je trouvais la méthode malhonnête. Il me fallait donc réfléchir à une stratégie pour le mettre devant le fait accompli, mais en présence d'au moins un témoin, puisqu'il mentait comme il respirait. C'était mon devoir vis-à-vis de l'équipe, quitte à perdre ma place. Je me disais que c'était le comble. Il n'aimait visiblement pas les clients ni les gens en général, ne faisait rien de ses journées, tentait de détruire ce que j'essayais de construire et était un véritable caillou dans notre chaussure.
Je savais qu'il me serait difficile de le coincer en présence d'une autre personne car il avait beaucoup de vices et semblait être un adepte des coups tordus. Dommage qu'il n'y ait pas eu de téléphone portable en mode vidéo à cette époque-là – nous étions encore à l'époque du règne de Nokia, modèle 8210, et de la machine à laver portative Motorola – car cela m'aurait allègrement facilité la chose.
Quelques jours passèrent et je compris que je n'y arriverais pas seule, il avait beaucoup trop de métier et ça se serait soldé par sa parole contre la mienne, ce scénario était donc inenvisageable.
Mais le pire dans tout ça, c'est que les bribes de conversation que j'avais réussi à entendre lors de mon premier jour concernaient précisément cela. Le vol.
Il ne me faisait pas confiance, alors que j'étais, évidemment, la responsable de la caisse de cet établissement entre autres.
Je compris alors sa méthode, vous savez la fameuse phrase qui semble bête mais qui est tellement juste : « C'est celui qui dit qui y est. »
Chapeau le tordu, il avait réussi à détourner l'attention quant à ses agissements en émettant des faux soupçons à mon endroit.

Bravo l'artiste ! Pour ma part, je suis toujours surprise de voir à quel point quelqu'un qui n'a visiblement pas inventé la poudre peut exceller dans le vice.
Un vrai métier à part entière.
J'étudiai alors d'autres pistes, mais il me fallait un complice, il était hors de question que je mette au fait le reste du personnel car la situation était bien trop minable.
Je proposai donc à mon autre patron, Didier, que nous allions boire un verre ailleurs tous les deux après le service. Il prit cela pour un rancard, alors que moi j'étais dans mon match, donc je ne m'en rendis pas compte.
La fameuse fin de service arriva et nous sommes allés dans un bel endroit qu'il connaissait.
Il n'y est pas allé par quatre chemins : à peine posé, à peine servi, il entama ce que je dus tout de suite tenter d'interrompre, je dis bien « tenter », car sans que je m'en rende compte, trop occupée que j'étais à mon travail, il n'avait visiblement pas bu que de la limonade au restaurant.
Je constatai alors que je n'avais plus « un », mais « deux » problèmes, et le fait que ces deux derniers soient très attirés par la boisson ne me facilitait pas les choses.
Il était grand, blond aux yeux bleus, mais il n'avait pas de chaussures noires, plutôt des santiags marron.
D'habitude, il était relativement vif, mais un peu moins ce soir-là précisément.
Je ne sais plus vraiment comment j'ai réussi à me débrouiller.
Si mes souvenirs sont bons, j'ai demandé au serveur de lui appeler un taxi, parce que nous avions pris ma voiture. Celui-ci arriva peu de temps après que l'on a bu un dernier verre et bien sûr, je ne pus absolument pas évoquer le dossier pour lequel nous étions là.
C'est donc un peu frustrée que je pris le chemin du retour en me demandant comment j'allais régler cette

affaire. Je compris que j'allais devoir solutionner cela seule mais, étrangement, je ne faisais pas trop cas de ce qui venait de se passer, car j'avais mis les évènements sous le coup de l'alcool et pensais que cela ne se reproduirait pas.
Erreur, grosse erreur de ma part.
C'est un fait avéré que l'alcool amplifie tout et désinhibe pour aider à dire ce qu'on a sur le cœur.
Je n'avais pas eu l'occasion de me rendre compte à quel point l'ancienne Carte bleue avait déteint sur lui.
Là, effectivement, c'était un cas d'école, mais je passai à côté.
Deux jours plus tard, j'eus la honte de ma vie. Ce soir-là dînait au sein de l'établissement, parmi d'autres clients, mon ancien maître d'hôtel, Thierry, du *Marriott* des Champs-Élysées que je respectais beaucoup, tellement l'enseignement à ses côtés fut d'une qualité exceptionnelle. Je me suis toujours bien entendu avec mes maîtres d'hôtel et patrons en temps normal.
Je lui avais demandé de me préparer quelque chose, qu'il était venu me remettre. Ainsi, il en avait profité pour faire d'une pierre deux coups en venant dîner là où je travaillais dorénavant, vérifier que tout allait bien pour moi et par la même occasion me présenter son épouse.
Comme j'ai regretté ce soir-là, j'avais tellement d'admiration pour son professionnalisme.
Le service se passait bien et Thierry venait juste de me faire part de sa satisfaction quand Didier déboula, excessivement alcoolisé, il m'attrapa devant tout le monde, tentant de m'embrasser de force s'exclamant, à trop haute voix, que j'étais la femme de ses rêves.
J'eus du mal à me défaire de ses bras et je craignis un instant qu'il ne basculât de toute sa hauteur.
La salle était sidérée, je ne savais plus où me mettre pendant qu'il continuait à réciter son délire en boucle.

Mon ancien maître d'hôtel se leva avec son épouse, car le pire, c'est qu'ils étaient vraiment sur le départ, comme j'aurais aimé lui épargner cela !
Il s'approcha de moi et me dit :
– Malika, quitte cet établissement le plus tôt possible, pour ta sécurité il ne faut absolument pas que tu restes un jour de plus, nous t'attendons si tu le souhaites.
Je ne pouvais pas partir ainsi.
Et, il ajouta :
– Surtout, viens me voir au *Marriott* s'il le faut, je te trouverai une place.
Après que sa femme et lui-même m'eurent serrée dans les bras, il me demanda de l'appeler le lendemain. Au préalable, ils avaient de nouveau proposé de m'attendre jusqu'à la fin du service si nécessaire, mais je déclinai leur proposition.
Effectivement, dans de telles conditions, il était préférable pour moi que je lève le camp.
Quelques jours plus tard, lorsque je vins récupérer mon solde de tout compte, il me présenta ses excuses et m'exposa ses regrets en me demandant de rester.
C'est seulement à ce moment que j'ai pu lui dire ce qu'à mon grand regret, j'avais découvert à propos de son associé. Je lui précisai qu'en dehors de son attitude déplacée, je ne pouvais pas non plus rester avec la suspicion mensongère à mon égard d'un des patrons. Je n'avais, de ce fait, plus rien à faire là.
Ma décision était prise et je n'avais plus de temps à perdre.

Je partis sans bisou volé.

La sincérité

Je m'en délecte, je la savoure comme un plat gourmand empli de saveurs.
Ce sentiment nous permet à tous de vivre tellement de bonheurs intenses et de nous comprendre les uns les autres, c'est un véritable gain de temps.
Heureusement nous sommes différents et c'est à mes yeux un bel atout pour étancher ma soif d'apprendre.
Ce sentiment nous enseigne aussi l'entraide lorsque quelqu'un vous a choisi pour vous confier ses différents maux.
Je suis, c'est vrai, au fait de nombreux évènements personnels de mon entourage et j'ai été une fois particulièrement touchée par le cadeau qu'un client m'a offert.
Ce monsieur, à l'époque P-DG[17] d'une compagnie aérienne, devenu depuis un client régulier, m'a offert en revenant de son pays les trois petites figurines de la discrétion représentée par les trois singes : celui qui n'entend rien, celui qui ne voit rien et celui qui ne dit rien.
Je me souviens qu'il avait ajouté :
– Nous nous connaissons depuis tellement d'années et tu sais tellement de choses à mon sujet... et jamais il ne m'a été rapporté que ta langue se déliait ni à

[17] P-DG : Président-Directeur Général.

mon endroit ni à l'endroit de toutes nos connaissances communes, et j'admire cela !

Effectivement, de par ma profession et le droit de réserve qu'elle implique ou, si je puis me permettre, l'obligation de retenue qui en découle, cela me paraît primordial, mais de par ma nature surtout, l'idée de trahir, au risque de gâcher cette précieuse valeur ne me viendrait pas à l'esprit.

Une juste expression résume parfaitement bien cela : « On met des années à construire la confiance et celle-ci peut s'effondrer en un instant. »

D'où le titre de ce livre qui à mes yeux est une évidence, que ce soit sur le plan personnel et professionnel, pour le bien-vivre en société.

Nous apprenons de la différence de l'autre, et cela je l'ai compris depuis mon plus jeune âge grâce à l'éducation que j'ai reçue de mes parents et leur belle ouverture d'esprit.

Sur mon parcours professionnel en construction, une histoire m'avait marquée alors que je venais d'être embauchée au sein d'un restaurant étoilé de gastronomie italienne situé à Paris non loin de la place de l'Étoile. Ce contrat signé pour un poste de chef de rang avait été rédigé avec beaucoup d'élégance et d'attention à mon égard et cela m'avait surprise, suffisamment pour que je me permette de demander à mon futur maître d'hôtel, lors de la fin de l'entretien d'embauche, pourquoi un tel salaire si gratifiant m'était proposé alors qu'il n'avait pas encore eu la possibilité de voir ce que je valais en salle.

C'était incroyable car, même au niveau de l'entretien qui s'était vraiment bien passé, il n'avait même pas cherché à vérifier mes connaissances techniques, c'était déjà acquis.

Je n'avais plus qu'à signer et à savourer.

Il me répondit sereinement :

– Votre réputation vous a devancée.
Quelle reconnaissance, je n'en revenais pas, ce maître d'hôtel était LA force tranquille et d'une extrême élégance.
Sa grande courtoisie m'a frappée dès notre poignée de main, je sentis immédiatement que l'on s'entendrait bien et ce fut parfaitement le cas.
Il était à peine plus grand que moi, svelte, les cheveux grisonnants, les yeux marron. Son élégance et sa grande gentillesse faisaient de cet homme quelqu'un d'exceptionnel que j'ai eu beaucoup de chance de rencontrer.
À lui seul il était l'inventeur du respect, quel charisme !
J'étais consciente qu'il était quelqu'un de rare.
Nous nous sommes très très bien entendus et il m'a immédiatement montré qu'il avait une entière confiance en moi et en mes capacités professionnelles.
Je lui confiai tout de même un point qui me paraissait important puisque ce magnifique restaurant gastronomique était un restaurant qui proposait une cuisine italienne : j'ignorais absolument tout de ces spécialités puisque je n'avais travaillé jusqu'à ce jour que dans des établissements étoilés de gastronomie française.
J'ignorais les noms des plats proposés, les pâtes, les vins...
Je démarrais en terrain inconnu, mais cela ne lui posait aucun problème.
Ce restaurant marchait très fort, il y avait par conséquent une imposante brigade, constituée de trois maîtres d'hôtel. Je n'avais jamais vu cela ailleurs car, effectivement, en plus d'être vraiment magnifique, cet établissement était très grand et divisé en trois salles, dont une à l'étage inférieur que l'on appelait le salon, c'était un immense salon privatisable.
À la tête d'une énorme brigade en cuisine, le chef a lui aussi été tout de suite très accueillant et avenant

envers moi. Il était d'une extrême douceur ; quelle équipe quand j'y pense, l'ambiance était vraiment plus qu'agréable, chacun venait travailler avec plaisir.
J'ai connu cette époque-là !
Elle paraît aujourd'hui révolue, cela doit être dû à mes cent cinquante ans, peut-être.
Je me souviens de mon premier service où à un moment donné, et pendant un certain temps, je me retrouvai seule au pass malgré l'effectif en salle très conséquent.
Tout le monde était occupé, des trois maîtres d'hôtel aux nombreux chefs de rang, commis de salle, demi-commis...
Il fallait y aller et vite !
Tout doit arriver chaud sur toutes les tables sans avoir le temps de relever la tête.
Le pass m'obligeait à me baisser pour voir le visage des cuisiniers qui étaient concentrés, et face à ma méconnaissance des plats dressés devant moi, je leur demandai à la minute de me dire l'appellation exacte de tout ce que j'envoyais. Ce fut sport, très sport, sur le fil comme j'aime, pas de temps à perdre, il faut tout envoyer, le plus intelligemment possible.
Puis, après cette séance en solo pour l'envoi très soutenu, je levai la tête lorsque le chef me félicita pour ce que je venais d'accomplir et toute l'équipe en cuisine me dit de concert qu'elle n'avait jamais vu ça pour un premier service. Alors je souris et gourmande que je suis, je leur dis que cela méritait bien un dessert de la part du pâtissier après le service. Ils sourirent tous et la réponse vint du patron lui-même, il était dans mon dos, en contrebas des marches menant au salon, et, sans que je m'en rende compte, il m'avait observée depuis le début.
Je me tournai alors.
Ses mots résonnent encore dans ma tête et son expression aussi.

Il me dit :
– Cette pâtisserie dont vous parlez, non seulement vous pourrez la choisir aujourd'hui, mais tous les autres jours aussi, car de ma vie de restaurateur je n'ai jamais vu ce que je viens de voir. Vous m'avez donné une leçon, bravo et je vous en remercie. Mes sincères félicitations et je vous dois tout mon respect. Tout ça !
À titre personnel, cette scène de vie m'a profondément marquée, avec l'arrivée de l'équipe de salle devant le pass ; les maîtres d'hôtel, chefs de rang et commis, à qui Pascal F. raconta l'envoi record que je venais de réaliser, et tous me regardèrent d'un air plein de reconnaissance. Enfin tous : avec le coup de feu du service, je n'eus pas le temps de me rendre compte qu'il y en avait un, un seul, à qui ma compétence déplaisait et il ne mit pas longtemps à me le faire savoir et d'une manière très peu élégante cette fois-ci.
Normal, jusqu'ici le tableau était trop parfait, il faut toujours que quelqu'un vienne gâcher ces moments rares de la vie où tout, je dis bien tout, est parfait.

Celui-ci décida d'opérer dès le lendemain matin, c'est-à-dire à mon deuxième jour.
Ce demi-maître d'hôtel, c'est la juste nomination en restauration, se prénommait Laurent, je ne l'avais pas vraiment remarqué tout au long de la journée de la veille, normal, c'était lui qui s'était mis à distance pour mieux m'observer.
J'étais précisément dans les toilettes en train de plier les serviettes en coton propres, prévues pour les clients, lorsqu'il entra dans ces toilettes pour dames où je me trouvais.
Je fus surprise par son entrée brutale et m'arrêtai net.
Il s'approcha de moi en me disant qu'il était mon supérieur hiérarchique et donc que je devais lui obéir au doigt et à l'œil.

Oui, il a bien dit : obéir.
Il eut le malheur de me demander si j'avais bien compris, en approchant son doigt menaçant de mon visage.
Il ne fallait pas, je suis une fille posée et timide, enfin surtout à cette époque, mais je trouvai son entrée dans les toilettes pour dames intrusive et surtout irrespectueuse.
Ce qui signifie qu'à partir de cet instant il m'était impossible de le respecter, réciprocité oblige.
Il me regarda, simulant un air méchant, mais je pense qu'il avait regardé trop de dessins animés.
Il n'aurait pas dû m'attraper par le bras, non, ça non plus ce n'était pas bien, vraiment pas bien. Il devait avoir une quinzaine d'années de plus que moi.
Je ne lui avais rien demandé moi, et je n'avais même pas connaissance de son existence tant il avait décidé de se rendre transparent à mes yeux.
Mettre le holà était donc nécessaire. Il ne me laissait pas d'autre choix que de lui envoyer un aller simple sans retour. Bien que l'on voyait encore le lait couler de mon nez dès que l'on appuyait dessus, je lui rétorquai de ne plus jamais me toucher, mais surtout de ne plus jamais m'adresser la parole, et de sortir immédiatement de ces fameuses toilettes pour dames.
Sympa pour mon deuxième jour ! Juste avant qu'il ne quitte les lieux, je lui fis savoir que pour moi il n'existait même pas, qu'il m'avait montré son courage, mais surtout que je savais à présent *qui* il était.
J'ai observé que les tire-au-flanc agissent toujours de la même manière pour tenter de masquer leur incompétence, vouloir écraser et dominer l'autre.
Mais cela ne marche pas à tous les coups.
Effectivement, par la suite, je ne lui ai jamais laissé l'occasion de m'approcher.
Assumant seule cette déconvenue, personne n'en sut jamais rien et c'était mieux ainsi car l'ambiance était

beaucoup trop agréable pour la gâcher avec un motif irrecevable.

On en connaît malheureusement tous, de ces faux gentils qui passent entre les gouttes pendant si longtemps... Mais un jour la maréchaussée vous rattrape, et tôt ou tard il faut régler l'addition.
Environ une dizaine d'années plus tard, je reçus sa candidature spontanée par mail pour *La Barrière.*

Mes parents

J'ai eu la joie de connaître les plus belles personnes jamais rencontrées sur cette terre : mes parents.
Je leur dois tout, ils m'ont appris très tôt le goût de l'effort en me responsabilisant, le respect, le partage, la générosité...
Ils m'ont construite en m'apprenant toutes les belles valeurs essentielles à une vie épanouie.
J'étais auprès d'eux un vrai buvard.
De l'amour, de l'organisation et beaucoup, beaucoup de pudeur.
Malgré les nombreuses difficultés qu'ils ont rencontrées au cours de leur vie, je ne les ai jamais entendus se plaindre.
Ils sont et seront pour toujours mes modèles.
Je reste admirative de l'exemple qu'ils étaient à leur tour auprès des directeurs d'école, des professeurs, des parents d'élèves – qui les citaient en exemple lors des réunions parents élèves –, car bien qu'issus d'une grande fratrie, nous étions toujours tous propres, bien habillés et ponctuels.
Je crois que j'ai hérité de leur sens de l'organisation et de leur patience, entre autres.
J'ai découvert le monde du travail à l'âge de onze ans grâce à mes parents.
Oui, j'ai bien écrit « grâce » et je ne pense pas avoir employé de gros mots lorsque j'ai évoqué le travail,

car pour moi c'est une belle possibilité dans la vie quant à l'accomplissement de soi.
Cela nous aide et apprend à chacun de nous ce dont nous sommes capables et détermine nos limites.
Au-delà du côté alimentaire, puisque nous sommes censés travailler la majeure partie de notre vie, autant essayer de le faire dans un domaine qui nous motive si cela est possible.
Alors... mes parents étant maraîchers – c'est une activité qui demande beaucoup d'investissement physique et personnel –, ils cultivaient leurs légumes et leurs herbes sur les terrains de Stains et Garges-lès-Gonesse, produits qu'ils revendaient ensuite sur leurs places des marchés de Paris.
Il est vrai que, dans un premier temps, ma mère refusa de m'emmener du fait de mon jeune âge mais, à force d'insistance, je réussis enfin à la convaincre de me laisser essayer au moins un samedi matin.
Je me réveillai la première, fis ma toilette sans faire de bruit et j'attendis assise par terre non loin de la porte d'entrée plongée dans un livre, le temps qu'il y ait du mouvement.

Ma mère était toujours très matinale et préparait, pour tous, notre petit déjeuner. Me voyant ainsi prête à décoller après cette collation matinale, elle ne put résister longtemps.
J'ai tout de suite adoré. Il fallait être bien réveillée pour enchaîner une fois le camion arrivé à destination. Ce n'est vraiment pas un travail de paresseux et j'admire tous ces commerçants courageux.
Mon père était, lui, sur une autre place de marché quotidienne, le fameux marché d'Aligre dans le XIIe arrondissement qui n'est autre que le tout premier marché de Paris.
Nous nous sommes tous retrouvés à la maison pour le déjeuner sur les environs de 15 h 00 puisqu' effectivement

la fin du marché ayant lieu à 13 h 30, il fallait d'abord remballer la marchandise invendue, tout bien ranger dans le camion puis nettoyer la place afin qu'elle soit aussi propre qu'à notre arrivée.
Puis, le trajet du retour, au cours duquel la fatigue nous cueillait, était silencieux.
Donc, lors de ce déjeuner ma mère expliqua à mon père que je m'étais bien débrouillée, j'avais respecté à la lettre les directives et la clientèle avait été particulièrement gentille avec moi.
Tout le monde était content, c'est à cet instant que j'ai compris que j'aimais le contact clientèle en découvrant la gentillesse et l'admiration des fidèles clients envers ma maman.
Mes parents m'ayant ensuite observée la semaine qui suivit, pour guetter mon état de fatigue par rapport à l'école, finirent par me dire qu'ils étaient d'accord, mais dans un premier temps seulement le samedi et qu'il me fallait faire mes devoirs et me reposer le dimanche. Marché conclu.
Le message était limpide et comme ils avaient toujours eu l'intelligence et le tact de le faire, la condition de leur accord restait déterminée par mes résultats scolaires.
C'est ainsi que j'ai découvert par la suite, lors de mes vacances scolaires, les autres places de marché.
Belleville dans le XXe arrondissement de Paris, Joinville juste derrière la célèbre caserne des pompiers dans le XIXe, au bord du canal de l'Ourcq au métro Crimée, célèbre pour le bal des pompiers du 13 juillet qui fait danser des milliers de Parisiens. Barbès-Rochechouart dans le XVIIIe et Dupleix dans le XVe arrondissement.
Les deux derniers étaient aux antipodes concernant la clientèle à servir, et j'adorais ça, cette faculté d'adaptation, je l'ai apprise en observant mes parents et leur sagesse, toujours discrets, à l'écoute et disponibles.

Ils étaient des dieux vivants. Il existe une certaine ambiance au sein des commerçants sur les marchés car, même si parfois il peut y avoir des tensions quant à la proximité et à la concurrence que la fatigue exacerbe, c'est une grande famille qui sait se soutenir lorsqu'il le faut.
Et croyez-moi, il s'en passe des choses sur les marchés parisiens ; l'affluence et la densité de population pour certains de ces marchés nous rendaient parfois acteurs et figurants de scènes dignes des plus grands polars.
C'est vraiment l'école de la vie.
J'évoluais à présent le samedi et j'avais gagné mon ticket d'entrée pour le dimanche grâce à mes résultats scolaires.
Un beau matin, après avoir savouré comme toujours le trajet en passant devant la tour Eiffel pour rejoindre « la place du XVe », comme disaient mes parents, et une fois la place bien installée avec les tréteaux, les tables, les nappes, la marchandise bien présentée et l'éclairage branché, ma mère me tendit « le tablier » d'encaissement et me dit :
– Aujourd'hui pour tes treize ans je te nomme responsable du tablier.
Je n'en revenais pas, quelle marque de confiance !
Cela représentait tant pour moi.
J'avais alors seulement treize ans et je me rappelle précisément cet instant sur la place de Dupleix.
Les voisins complices m'avaient tous chaudement applaudie et chacun était venu m'offrir un cadeau. Le fleuriste des fleurs, le vendeur de bonbons de jolis paquets de sucreries, le vendeur de vêtements un joli pull pour affronter l'hiver, le chocolatier ses délicieuses créations, le disquaire un CD… C'était très touchant.
J'ai beaucoup grandi grâce aux marchés.

Mes parents avaient connu Les Halles et ont vu se construire le marché de Rungis, ce fut un très long chantier selon leurs dires.

Celui-ci fut inauguré le 3 mars 1969.
Le MIN[18] de Rungis situé à 7 kilomètres au sud de Paris était né.
L'ouverture officielle du plus grand marché de produits frais du monde fut une réussite, et le déménagement du siècle dû au transfert des Halles de Paris après huit cents ans passés dans le fameux « ventre de Paris » avait marqué les esprits, selon le récit de mes parents.
À cette époque, je n'étais même pas encore dans le soupçon du début de l'idée de mes parents d'envisager mon arrivée sur Terre.
Ils étaient émerveillés par la réussite de ce marché.
L'organisation novatrice de ce « premier marché au monde » offrait d'autres possibilités qui faisaient place à de nouvelles perspectives.
Mes parents, bien qu'autodidactes, avaient un sens de l'analyse très affûté, ils étaient tous deux dotés de bon sens.
Ils saisirent rapidement l'opportunité qu'offrait la multitude des produits proposés, d'une fraîcheur remarquable.
C'est donc en toute logique qu'ils décidèrent de compléter leur production de légumes en allant acheter aussi des fruits à Rungis.
Cela arrangeait tout le monde et les clients étaient satisfaits de cette possibilité d'accès à autant de produits de qualité au même endroit.
C'est à cette époque que j'ai découvert Rungis et ses vastes allées, avec ce va-et-vient incessant des camions, breaks et fourgonnettes.
Un beau jour, alors que ma mère était occupée à régler plusieurs fournisseurs – et nous avait demandé, à mon frère et moi, d'attendre dans la voiture –, j'ai demandé à celui-ci s'il pouvait m'apprendre à conduire.
J'avais tellement hâte de savoir comment faire.
Il céda face à mon insistance, j'avais treize ans et j'avais enfin appris à conduire. Mon grand frère n'en

---

[18] MIN : Marché d'Intérêt National.

revenait pas de la facilité avec laquelle j'avais mis en pratique ses précieux conseils. J'étais aux anges !
À son retour, ma mère comprit à ma mine réjouie que je venais de faire quelque chose qui me plaisait énormément et je n'eus aucun mal à le lui dire, bien que cela soit totalement interdit.
J'étais si contente et j'avais osé rajouter :
– C'était le moment où jamais, puisque ce matin les allées sont vides.
Nous repartîmes tous les trois après la narration de cette fraîche séquence de vie par mon grand frère qui était très fier de moi.
J'étais plutôt une jeune fille très sage, mais j'adorais tellement conduire que dès que j'en avais l'occasion, je m'y exerçais en faisant une parfaite abstraction des risques que j'encourais.
C'est étrange d'ailleurs et quand j'y repense aujourd'hui, je me dis que je n'avais pas froid aux yeux, mais aussi étrange que cela puisse paraître, j'étais très sereine, presque sûre de moi.
Je n'avais donc pas manqué la fois où, grâce aux actions de la ville de Colombes pour les loisirs des jeunes, une sortie avait été organisée à la mer de sable à Ermenonville.
Une fois cette belle journée passée avec les copains et les copines, je demandai gentiment les clés du Renault Trafic 9 places au moniteur en attendant que tous les autres se changent.
Aussitôt, je mis un tour de clé et une voisine du quartier bien plus âgée que moi me dit :
– Pousse-toi, je vais te montrer comment on conduit.
Je m'exécutai. Mais, après de multiples essais de démarrage infructueux et un rodéo qui nous avait valu d'être la risée de tous les autres groupes qui arrivaient au fur et à mesure sur le parking, j'avoue que durant tout ce temps à ses côtés, je me mordais les joues pour tenter de ne pas rire. Et, après avoir

calé une bonne dizaine de fois, elle me jeta, vexée, un :
– Eh bien, vas-y toi, puisque tu es si maligne.
Ce qu'elle a aussitôt regretté. Je m'amusais à faire quelques cercles à faible allure quand le moniteur déboula et je fus stoppée net. Une bonne leçon de morale, je lui présentai mes plus plates excuses et l'affaire fut classée bien qu'il m'avertît qu'il allait prévenir mes parents.
Cela ne me posait pas de problème et, sur le chemin du retour, les autres camarades me questionnaient avec admiration en me demandant comment cela se faisait qu'à mon si jeune âge je sache si bien conduire. Question à laquelle je n'avais pas de réponse, je constatai que je venais de me faire une amie de plus, au vu de son regard sombre.

L'expression dit : « Jamais deux sans trois », et sur ce registre de la conduite sans permis, c'est une chose que j'ai effectivement confirmée.
Si ce n'est que, cette fois, cela a failli mal tourner à l'arrivée des gendarmes puisque je risquais non seulement cinq ans d'interdiction de passage du permis de conduire, étant mineure – j'avais seize ans –, mais de plus avec les copains, nous nous trouvions sur un terrain d'entraînement militaire à Versailles.
Les copains avaient chargé leurs deux motocross dans ce grand Renault Master, ils connaissaient visiblement les lieux.
L'inconscience totale de la jeunesse, mais il est vrai que la forêt était magnifique.
Je demandai au copain de me prêter ses clés, il avait à peine plus d'une vingtaine d'années. Puis, ma grande sœur et sa copine ont embarqué avec moi, je me suis mise à m'amuser en conduisant ce mastodonte avec mes yeux de toute jeune fille, quand, soudain, un camion bleu me barra la route avec le gyrophare et le deux-tons en action.

Après le salut, un des deux gendarmes me demanda de présenter les papiers du véhicule, mon permis de conduire, bien qu'il sût pertinemment que j'étais dans l'impossibilité la plus absolue de le lui fournir avec ma tête de gosse.
Il me précisa que j'étais sur un camp militaire formellement interdit au public.
Comme s'il s'agissait de mon véhicule, je baissai naturellement, sans réfléchir, le pare-soleil et y découvris les papiers demandés que je remis au gendarme, puis lui dis :
– Quant au permis de conduire, il y a un problème. Je ne vais pas pouvoir vous le fournir, car je ne l'ai pas encore passé, j'ai seize ans et demi.
(Le fameux demi auquel on tient quand on est gamin.)
Je me souviens encore de sa tête, l'air de dire « non, jure ! ».
L'inverse m'aurait étonné.
Je demandai alors à ma grande sœur – qui habituellement avait du mal à tenir sa langue – de ne pas s'en mêler, pareil pour sa copine.
Il me semble qu'elles étaient toutes deux déjà majeures.
Pendant qu'il lisait les papiers, j'imaginais la suite : être embarquée, les explications que j'aurais à fournir à mes parents, mais surtout que je risquais de ne pouvoir me présenter à l'examen du permis de conduire pendant une durée de cinq ans et ça, pour moi, c'était un véritable drame !
Le contrôle se fit de manière très sérieuse et les silences volontaires étaient aussi longs que nécessaire pour que je prenne conscience de ce que j'encourais.
Je constatai tout de suite le jeu de rôle des deux gendarmes, le méchant et le gentil.
Chacun venait à tour de rôle à hauteur de la portière, attitude corporelle et mimiques en adéquation avec la phrase qu'ils prononçaient à intervalles réguliers.
À un moment, je dis au gentil :

– Vous n'allez pas faire ça quand même ?
Quand j'y repense aujourd'hui, c'est un peu comme si les rôles étaient inversés et que c'était sa faute.
Puis, j'ajoutai :
– Vous vous rendez compte, cinq ans !
Rappelons que nous étions sur une base d'entraînement militaire strictement interdite aux civils et encore moins aux mineurs.
Je me souviens alors que j'avais même réussi à décrocher un léger sourire de la part du pseudo-méchant qui tournait autour du véhicule en scrutant les possibles infractions qu'il relèverait sur celui-ci, clignotants, rétroviseurs...
Évidemment, je reconnaissais tout ce qui m'était reproché, mais j'avais tenté de minimiser la réprimande et plus si affinités... à venir au vu de ce qu'allait se prendre le copain à qui appartenait ce camion.

Une sortie plus qu'honorable nous a été accordée devant cette situation, et les deux gendarmes ont eu la gentillesse de nous laisser repartir, en insistant bien, avant de quitter cet endroit, que des tirs d'essais étaient ici fréquemment réalisés.

Nous étions calmés et nous sommes rentrés sagement.

Les parasites

Spéciale dédicace aux aigris de la vie qui ne semblent pas avoir compris qu'on ne vivait qu'une fois.
Les acariâtres – juste dit comme ça, on dirait un nom d'insecte –, oui, je dirais même d'un rampant ayant un peu trop caramélisé au soleil.
Ceux qui se sentent à peu près mieux seulement lorsqu'ils tentent et arrivent parfois à faire du mal aux autres.
Je n'aime pas que l'on s'en prenne à plus faible que soi et je me demande comment il a été souvent possible d'éviter un incident diplomatique.
C'est sûrement grâce à l'éducation, qui transmet ce message « on ne tape pas sur ce qui éclabousse », que l'on comprend différemment lorsque l'on est encore enfant.
Ou encore cette fameuse phrase si juste qui vous dit que la violence est la force des faibles.
Malheureusement tellement exacte, puisqu'elle inclut aussi bien la violence verbale, physique, mais surtout psychique si destructrice.
J'ai un grand frère handicapé, de sept ans mon aîné.
Toute petite déjà, j'avais compris que quelque chose en lui – je ne savais évidemment pas quoi encore à cette époque – était différent de nous autres, le reste de la fratrie.
Je me souviens, alors que j'étais adolescente, lorsqu'il rentrait d'une balade, je lui demandais :
– Avec qui étais-tu ? Et où étais-tu ?

Combien de fois m'a-t-il rétorqué maladroitement et d'un air froissé :
– Pourquoi ? T'es de la police ?
Je lui répondais :
– Pas encore, mais plus tard, oui, j'en serai, et je te demanderai de me répondre.

À ce moment-là, j'arrivais enfin à lui faire cesser de froncer les sourcils et je gagnai son admiration dans ma volonté affirmée et certaine.
Il baissait alors la garde et nous pouvions échanger de manière plus sereine, nous rentrions dans des conversations du genre : « J'aurai le droit de monter dans ta voiture ? »
« Tu pourras rouler vite avec le gyrophare ? Et... »
Sa tension et nervosité disparaissaient gentiment, et bon nombre de fois ma mère nous observait et acquiesçait à mes dires.
Elle était attentive à mon récit qui visiblement avec d'autres sujets abordés furtivement apportait un peu de répit et de réconfort.
Ma mère était fière que je m'inquiète pour lui, si jeune, et de façon naturelle.
Jamais... jamais. Contrairement aux autres, je ne me suis jamais permis de me moquer de lui ou d'être aussi méchante et cruelle que les multiples parasites qui, eux, ne se sont pas gênés.
Bien que le bon sens laisse croire qu'à notre époque, en 2020, les comportements ont évolué, eh bien, je peux témoigner pour dire à quel point, parfois, non seulement cela n'a pas évolué mais, plus encore, je pense intimement que les choses ont empiré et que les agressions verbales, physiques, psychologiques se sont vraiment aggravées, avec à la clé le racket, l'abus de faiblesse, le vol et l'escroquerie...
Dans un premier temps, il fut placé sous tutelle après un premier constat d'extorsion de fonds à son

encontre après le décès de ma mère, laquelle s'en est occupée, comme on a à s'occuper d'un enfant de bas âge tout au long de sa vie.

Je me souviens de nos longues conversations avec mon adorable maman. Ma mère gérait tout et sur tous les fronts, sans jamais se plaindre, ni montrer le moindre signe de fatigue pour épauler mon père. À eux deux, ils élevèrent une fratrie de dix enfants.
Le décès de mon père nous mettait aussi devant une évidence à laquelle il nous faudrait bien faire face une fois le départ du pilier central que représentait ma mère.
Je suis la benjamine, ma mère aimait me dire en souriant que j'étais le numéro 10, celle qui marque les buts.
Je constatai très vite nos différences et suis toujours surprise lorsque j'entends l'incompréhension parentale qui cherche à comprendre pourquoi il y a autant de divergences entre leurs enfants alors qu'ils pensent leur avoir fourni la même éducation.
Il me semble que chaque individu est unique, non ?
Ce qui m'a permis d'observer mes grands frères et sœurs et m'a forcé de constater quelle palette représentative de la société s'offrait ainsi à moi.
Je crois que cette situation a aiguisé mon sens de l'observation et de l'analyse de la nature humaine.
Concernant la complexité des comptes à rendre par lesdits tuteurs qui s'étaient proposés, et la disponibilité requise pour honorer une tutelle en bonne et due forme, l'administration a transformé l'essai en curatelle.
Circulez, il n'y a rien à voir.
Il n'y a pas si longtemps, je remarquai une montre en plastique rouge au poignet de ce grand frère et bien évidemment la réponse à mon questionnement ne m'étonna pas lorsqu'il me répondit que c'était un copain qui la lui avait vendue 50 euros.

Elle paraissait sortir tout droit d'une tirette pour enfants à 2 euros.

Aussitôt, lorsque je lui demandai de me donner le nom de cette personne, il se referma sur lui-même, voyant mon changement d'attitude.
J'essayai alors une autre technique en lui proposant d'aller marcher un petit peu ensemble et si toutefois nous le rencontrions, qu'il me fasse un signe.
On peut me dire ce qu'on veut, mais l'expérience m'a malheureusement démontré que votre propre grand frère handicapé, qui a l'âge mental approximatif d'un enfant de douze ans, préfère précisément dans un cas comme celui-ci, vous prendre pour une imbécile, et ce en inversant la manipulation pour protéger l'ordure.
Cela m'agace profondément.
Combien de fois j'ai dû faire face à ce genre de situation, combien de fois j'ai dû serrer les poings, combien de fois… jusqu'à l'usure et la prise de conscience de la difficulté à tenter de trouver l'issue de ce tunnel bien sombre. Comme il est important d'essayer de ne pas se laisser entraîner au fond.
Le nombre de couleuvres plus grosses les unes que les autres que j'ai dû avaler alors que je n'étais là, à ses côtés, qu'en toute simplicité et sincérité, souhaitant le protéger.
Entendre de tels mensonges en devient usant à force et cela me ronge puisqu'il ne reste plus de place pour de purs moments de vie.
Même en de pareils cas le regard est le reflet de l'âme.
Si admirative de ma mère qui n'est plus.
Elle était tout pour moi, ma mère, mon amie, ma copine, ma confidente, ma complice…
On riait bien toutes les deux et je n'oublierai pas tous ces week-ends passés ensemble jusqu'au dernier.
Le moment des courses dans ma voiture – une Smart que j'adore et dans laquelle j'ai vécu tellement de

situations sympathiques, tantôt avec mon père, tantôt avec ma mère –, ce moment était notre cour de récréation et nous reboostait pour affronter le reste.
À nous deux, ma mère et moi, nous étions un médicament naturel, mes souvenirs sur ces séquences de vie me font beaucoup sourire.
Ça vient comme ça sans prévenir, il suffit juste de savourer ces moments apaisés de la vie, lesquels mis bout à bout constituent le bonheur.

Cour de récréation qui a bien failli être brusquement interrompue il y a dix-sept ans.
Jérôme et moi avions été invités par un client en Afrique noire, nous ne connaissions pas cette partie du continent, le dépaysement était assuré et, chaque jour, son souhait de nous montrer le meilleur de son pays nous donnait l'occasion de déjeuner avec des ministres, de dîner avec la classe politique et les hommes d'affaires du secteur, en plus de la découverte de différents et somptueux paysages.
Ce monsieur souffrait d'une sciatique qu'il avait tenté de masquer, souhaitant ne pas gâcher nos vacances, car il nous avait gentiment programmé bon nombre de sorties et surprises.
Un jour, nous avons déjeuné en nombre chez lui, puis dîné plus tard au restaurant avec environ le même nombre de convives, une douzaine, je crois, des personnages de la classe politique ainsi qu'un avocat international...
À la fin du repas, il s'excusa, alors que nous quittions ce restaurant, de ne pouvoir nous accompagner avec son chauffeur comme il le faisait chaque soir, pour profiter pleinement de notre compagnie, la douleur étant trop forte.
Il était temps pour lui de mettre son corps au repos.
Il demanda alors à un employé d'une de ses entreprises de transport de nous raccompagner. Il était

son bras droit. Il s'était expatrié dans ce pays pour la promotion depuis plus de dix ans. Je me souviens que celui-ci était particulièrement blanc de peau et semblait nous dire que la France ne lui manquait pas.
Il connaissait donc bien les mœurs locales, mais, juste avant que l'on parte, alors que nous étions embarqués dans son véhicule, il se fit rappeler sérieusement à l'ordre par notre client. Ce dernier, avec les deux mains posées sur le rebord de la fenêtre, paraissait vouloir dire qu'il pouvait soit décider de retenir sa voiture soit nous faire descendre de celle-ci.
Il fit préciser avec exactitude à notre chauffeur les deux routes à éviter formellement pour ne pas tomber sur des bandits. C'est ainsi qu'ils sont appelés là-bas.

Avec le recul, je pense que notre client a eu à cet instant un mauvais pressentiment. Il aurait dû s'écouter.
Alors que nos quatre peaux claires s'avançaient vers le pire, sans que nous soyons au fait de ce qui pouvait se passer, je remarquai qu'aucun panneau n'était visible ou qu'il n'y avait peut-être pas de panneaux indiquant le nom des rues.
Quand soudain ce pour quoi il avait été mis en garde nous arriva : nous avions roulé une bonne demi-heure, lorsqu'un barrage nous força à stopper net.
Ils étaient tous armés et décidés.

Des uniformes kaki, sortis de nulle part, encerclèrent la voiture. Nous étions pris au piège dans ce guet-apens nocturne.
Subitement tenus en joue par quatre hommes armés de Kalachnikov, prêtes à réagir, chacune braquée sur nos tempes.

Je pensai : « AK-47, je n'atteindrais donc pas cet âge, l'histoire qui se répète. »

Jérôme et moi avions à peine eu le temps de maudire le chauffeur pour sa désobéissance, son inconscience, mais surtout le risque auquel il nous exposait et auquel nous devions à présent faire face. Nous étions dans la gueule du loup.
Jérôme l'insulta et lui dit que s'il voulait jouer avec sa vie, qu'il le fasse lorsqu'il était seul.
Tout ça s'est passé bien évidemment très vite car, dès lors que leurs canons nous visèrent, ce fut le silence, mais aucun ange ne passa à ce moment-là.
Je regardai les yeux sombres et embrumés de l'assaillant qui avait ma vie entre ses mains et compris très vite qu'une vie supprimée de plus ou de moins ne lui ferait ni chaud ni froid.

Je cessai de le regarder et échangeai un regard avec Jérôme comme pour un adieu avec l'air de dire : « C'est quand même dommage de finir comme ça, ici et maintenant de la manière la plus absurde à cause d'un abruti. »

Je pensai à mes parents, qui eux étaient encore vivants à ce moment.
Je pensai : « Pas comme ça ! » Cela aurait réveillé de vieux démons.
Je savais l'immense chagrin qu'un pareil évènement avait pu leur causer dans le passé et je ne voulais pas qu'ils connaissent cela une seconde fois.
La perte d'un premier enfant avait été si violente, car ce n'est déjà pas dans l'ordre des choses, alors que dire de deux.

Il me vint à l'esprit que je ne leur avais alors pas dit au revoir comme j'aurais dû le faire.
Dans un tel moment, il est impressionnant de voir tout ce qui défile dans notre tête à une vitesse incroyable, comme si on remontait à l'envers le film de sa propre vie.

Impuissante, révoltée et résignée à la fois.
Étrangement, beaucoup de sentiments contradictoires s'entremêlent lorsqu'on aperçoit la Faucheuse.

La corruption étant le maître mot qui déterminait l'attitude de ces uniformes pourtant officiellement gradés, ils ne voulaient rien entendre et pensaient ne pas arriver à obtenir de nous quatre ce qu'ils espéraient.
Nous avons alors eu l'idée de dire à l'inconscient d'appeler notre client et au plus vite.
Après autorisation du haut gradé, l'appel extirpa notre client souffrant de son lit, il mit une très longue demi-heure à arriver à destination.
Son chauffeur arrêta sa voiture une centaine de mètres derrière nous et le reste de l'équipe alla parlementer un long moment.
Pendant tout ce temps, je me disais : « Pourvu qu'aucun d'eux n'éternue », car je rappelle que nous étions toujours tenus en joue, et qu'ils n'avaient absolument pas l'intention de mettre leurs bras au repos.

Un échange de papiers aux couleurs de leur uniforme nous laissa la vie sauve, de justesse, après une trop longue négociation.

Escortés, nous partîmes, enfin à l'abri.

Le lendemain matin, très tôt, suite à sa convocation en urgence, le bras droit se vit démis de ses fonctions pour nous avoir à ce point exposé au danger, mais surtout pour la confiance qu'il avait brisée puisqu'il avait été désigné en charge de notre sécurité.

Cet échec cuisant était irrévocable.
Il eut droit à un vol le soir même pour un retour à l'expéditeur, vers la France, qui, rappelez-vous, ne lui manquait pas depuis ces nombreuses années.

Ce client qui, depuis, est devenu plus proche et régulier ne nous a jamais reparlé de cette histoire.
Nous n'avons jamais remis le dossier sur la table.
En un regard, nous nous comprenons.

Il nous a juste sauvé la vie.

Le volant

Vous allez donc à présent me détester.
Au volant, jusqu'à aujourd'hui, j'ai vécu différentes situations qui, fort heureusement pour moi, ont tourné dans le bon sens, mais jusqu'à quand ?
Je vous en rapporte quelques-unes.
Cas numéro 1 :
En plein rond-point dans Paris, n'ayant absolument aucun sens de l'orientation, je me réfère à mon guide qui, ce jour-là, s'appelait Tom-Tom et avait décidé de me servir sa panoplie de caprices.
Perdue en présence de ma petite maman chérie dans ma Smart, je franchis donc ce grand rond-point et passe au feu orange, quand aussitôt une mélodie accompagnée d'une lueur bleue se rapproche de nous.
Une fois stationnée, je demande à ma mère de me laisser m'expliquer sans intervenir, afin d'assumer ce que je venais de faire.
– Alors ?... Vous savez pourquoi on vous arrête ? me demande le policier.
– Ah oui, je répondis. Je viens de griller le feu.
– Vous reconnaissez donc être passée au feu orange ? ajoute-t-il.
Je lui dis :
– Plutôt sanguine même l'orange.

Et j'ajoutais :
– Mais là, je suis complètement perdue et je dois me rendre à l'hôpital Necker (j'étais en train de perdre mon père d'un cancer de la prostate, mais je n'ai pas évoqué cela aux trois policiers qui entouraient à présent la voiture).
Il me rendit aussitôt mes papiers et me dit :
– On va vous escorter, la route n'est pas simple à partir d'ici…

Cas numéro 2 :
De très bon matin, alors que je me rendais chez ma maman adorée qui résidait à présent plus que seulement avec mon grand frère handicapé à Colombes.
Non loin de la vieille église, si réputée après le bombardement de la Seconde Guerre mondiale, la route que j'empruntais habituellement chaque samedi matin était ce jour-là en travaux et momentanément placée en sens interdit.
Décidant de l'emprunter malgré tout, au vu de l'heure très matinale, je décrochai alors ma ceinture pour tenter de récupérer quelque chose dans le vide-poche de la portière côté passager, je crois qu'il s'agissait d'une pochette, puis je téléphonai à ma mère pour lui dire que je serai présente chez elle dans les cinq minutes.
Mais, à peine ma phrase prononcée, je tombe sur un schtroumpf.
Je raccroche en précisant que finalement ce ne sera probablement pas dans les cinq minutes.
Le policier me salue et me demande si je réalise bien la situation.
Il me dit :
– Je récapitule, Mademoiselle…
(Parenthèse : à l'époque, on pouvait encore employer ce mot lorsqu'on s'adressait à une jeune fille, aujourd'hui peut-être devons-nous appeler une

fillette de huit ans « Madame » ? Je ne sais plus trop. Je ne comprends pas toujours cette volonté de vouloir réformer des choses comme dans ce cas le vocabulaire, pour nous amener à l'inutile. Refermons cette parenthèse.)
– Alors, vous avez conscience que vous êtes en sens interdit, sans ceinture et au téléphone ? Reconnaissez-vous toutes ces infractions ?
– Eh bien oui, je reconnais.
À mon tour je lui demande :
– Pourquoi ? Dans un cas pareil, il y en a qui osent nier face à l'évidence ?
Il soulève les sourcils, l'air étonné de ma question.
Puis je rajoute :
– Monsieur, vous avez vu la belle journée qui s'annonce avec ce soleil radieux ? Je vais vous dire mon programme, j'ai prévu d'emmener ma maman au hammam, puis de nous faire masser aux huiles essentielles et pour terminer, nous allons déjeuner ensemble. Vous n'allez pas gâcher ça quand même ?
Il me regarda bien droit dans les yeux et me dit :
– Mais d'où vous sortez ça ?
Puis rajouta :
– Allez, circulez, vous ne m'avez jamais vu.
Grand, grand seigneur avec le salut qui met fin à notre échange.
Je peux vous garantir que sa sympathie a amplifié la douceur de cette belle journée.

Cas numéro 3 :
Fin de matinée pour ce samedi de retour de Colombes, je m'apprête à longer la Seine à l'approche de l'île de la Jatte.
Ce fameux feu qui ne dure que quelques infimes secondes sur la commune de Courbevoie.
Je suis droitière et pourtant ce jour-là, j'ai pris mon téléphone de la main gauche, à peine le temps de

dire à mon mari que j'allais bientôt arriver pour le déjeuner, que... ben non, ça va être un peu plus long que prévu, je raccroche.
Pile-poil à ma hauteur arrive à la perpendiculaire une patrouille, même topo : musique et ambiance lumineuse et l'on me fait signe de me stationner sur le bas-côté.
J'ouvre ma fenêtre :
– Salut.
– Bonjour, papiers, savez-vous pourquoi on vous a arrêtée ?
– Bonjour Monsieur, ah oui bien sûr, j'étais en ligne avec mon époux et comme j'ai un peu tardé chez ma mère, je le prévenais que j'allais bientôt arriver pour qu'il ne s'inquiète pas.
Je ne sais pas pourquoi je fais ça, c'est dans ma nature. J'explique spontanément les choses.
– Vous reconnaissez donc votre infraction de conduite avec votre téléphone à la main ?
– Oui, oui, je reconnais.
Il me regarde, fait le tour de la Smart (toujours) et me dit :
– Elle est très jolie votre voiture, je vous souhaite une belle journée.
Il me rend mes papiers, et à mon tour je lui dis :
– Mais... ? Vous ne me verbalisez pas ?
La fille qui insiste, quand j'y pense.
Et il sourit et me dit :
– Si vous saviez comme ça fait du bien d'entendre juste la vérité, ça faisait longtemps que ça ne m'était pas arrivé. Grâce à vous, je vais également passer une bonne journée.
Je comprends parfaitement cette lassitude que doivent avoir certains policiers à force d'entendre les plus grosses bêtises à longueur de journée.
Stationnée, cette fois-ci je rappelle mon mari qui me demande aussitôt :
– Alors, combien as-tu gagné ?

Je lui répondis :
– Rien du tout, enfin voilà…
Puis j'explique.
Il a éclaté de rire en me disant que des situations comme celles-ci n'arrivaient qu'à moi.

Cas numéro 4 :
Celle-ci est lointaine comme histoire, mais je la trouve sympa.
C'était il y a fort longtemps, j'étais à bord de ma toute première voiture, une super 5 GTX gris clair que j'adorais.
Mes parents me l'avaient offerte, car j'étais la seule à avoir obtenu mon bac avec mention.
C'était au moment des premiers radars automatiques.
Je passais sous le court tunnel qui mène de Clichy à Gennevilliers, en rentrant du travail pour rejoindre l'appartement de mes parents à Colombes où je logeais encore.
Quand, à la sortie de celui-ci, je me fis flasher.
Quelques jours plus tard, je reçus une convocation pour une invitation au commissariat de Colombes.
Ma première fois et unique convocation concernant la route jusqu'à ce jour.
C'est fou comme mon sens de l'observation était déjà actif malgré mon jeune âge, car je me rappelle avoir demandé à la policière de l'accueil pourquoi tous ces gens qui attendaient, assis, que vienne leur tour faisaient à ce point la gueule.
Et j'ajoutai :
– C'est tous les jours comme ça ?
On éclata toutes les deux de rire, les autres nous regardaient bien évidemment de travers.
Je lui murmure alors : « Je n'aimerais pas être à votre place », puis lui tendis ma convocation.
En observant encore cette petite salle, j'ajoutai :
– C'est comme au tribunal. J'adorais, dès que j'ai eu mes dix-huit ans, assister avec une copine, après

les cours le mercredi après-midi, aux audiences du tribunal de Nanterre.
Là aussi j'ai une séquence assez incroyable à raconter, j'y reviendrai plus tard.
Je dis à cette jeune policière :
– En fait, ils ne regrettent pas ce qu'ils ont fait, mais plutôt de s'être fait attraper. Moi, je viens pour un excès de vitesse et j'ai hâte de découvrir comment cela se passe.
Justement, la porte s'ouvrit et je fus appelée.
Dans ce bureau, il y avait deux autres bureaux occupés, je jetai brièvement un coup d'œil panoramique.
Puis le début de l'interrogatoire commença, et très vite un des deux policiers me tendit une photo de mon portrait de profil à bord de mon bolide, intérieur bleu ciel.
Et très naturellement, je lui dis :
– Oh, elle est sympa cette photo, je peux la prendre ou vous l'acheter ?
J'ajoutai :
– C'est vrai on n'a pas de photo de soi de profil comme ça en étant concentré sur la route.
Ils éclatèrent de rire tous les deux et les autres dans la pièce se demandaient ce que j'avais bien pu dire.
Le plus âgé des deux me dit : « Ça ne se passe pas comme ça, Mademoiselle », puis me sourit.
Faits reconnus, amende réglée, papiers rendus, ce même policier me dit :
– Elle est à vous.
Je le remerciai, et j'étais vraiment enchantée et consciente que cette situation était vraiment originale. J'ai toujours cette photo.

Cas numéro 5 :
La voiture qui a succédé à ma très attachante première auto, bien que je ne sois pas matérialiste, fut, devinez quoi ?

Une Super 5, cette fois-ci j'étais montée en gamme et il s'agissait là d'une Super 5 GTS noire.
C'est vrai qu'elle envoyait bien.
J'étais dans l'autre sens ce jour-là, c'est-à-dire à Colombes, je sortais de chez mes parents avec un de mes grands frères qui m'avait demandé de le déposer à Clichy, cela faisait d'une pierre deux coups puisque je me rendais à mon travail à Clichy pour embaucher pour le service du dîner.
À peine sur la route, d'énormes bouchons s'étant soudainement formés, je pris d'abord mon trajet habituel mais celui-ci était saturé, je tentai un plan B, mais ce fut identique, puis j'essayai une autre route sans plus de succès...
Rien à faire, je réfléchis à voix haute et constatai que je risquais vraiment d'être en retard pour le travail, ce qui m'horripilait évidemment.
Tout à coup, alors que je discutais avec mon grand frère, une très jeune policière hurla à hauteur de ma portière, arme au poing :
– Coupez le moteur !
Je m'exécutai, d'un geste au ralenti, appuyai sur le bouton pour ouvrir la fenêtre et constatai qu'elle était essoufflée, qu'elle n'avait pas l'air contente du tout puis que la voiture était entourée de bleu, mais pas comme la couleur du ciel.
Elle me cria dessus en me disant que la course-poursuite avait assez duré et qu'elle tentait de me rattraper depuis un moment déjà.
J'étais très étonnée.
– Pardon ? Vraiment ? Avec tous ces bouchons ? Je ne savais pas que j'avais un si bon coup de volant !
– Vous allez où comme ça ?
– Au travail.
– Ah oui, à cette heure-ci ?
– Oui.
– Et c'est quoi ce travail ?

– Serveuse.
– Où ça ?
– Clichy.
– Vous êtes pressée ?
– Non.
– Alors pourquoi vous rouliez si vite ?

Et là... Bien que vous soyez courtois, vous sentez bizarrement que ça va durer un moment, et, petit rappel, il n'y avait pas autant de téléphones portables à cette époque.

Après avoir mesuré la hauteur de la plaque d'immatriculation par rapport au bitume, m'avoir indiqué que l'une des ampoules du clignotant avant droit ne fonctionnait pas et m'avoir signalé que le nouveau coupon d'assurance devait être apposé sur le pare-brise et déployé tout son savoir fraîchement acquis à l'école de police, je me vis offrir un joli paquet de coupons longs à plusieurs feuillets.

Si je me souviens de la dureté du regard de cette dame, je trouvai la sanction complètement disproportionnée par rapport à la situation, mais je ne dis rien.

Parfois le silence est d'or, mais un de ses trois collègues eut la gentillesse de me souffler qu'il me suffisait de régulariser cela auprès d'un garagiste et ensuite tout faire constater au commissariat de Colombes pour annuler ces amendes.

Je le remerciai de cette information puis repris ma route, tout de même assez perplexe.

Cas numéro 6 :

Je devais avoir vingt ans, je conduisais la BMW que mon grand frère m'avait prêtée pour aller déposer ma maman chérie au marché de Belleville.

Après la porte de la Chapelle...

Non, j'arrête là pour mes petites histoires liées à la circulation.

J'ai comme l'impression d'avoir décrit les dix commandements, sans vouloir offenser personne. Je m'arrêterai donc là car bien qu'il y ait prescription, j'ai soudainement l'impression de décrire un parcours de délinquante de la route.
Enfin et surtout, toutes ces anecdotes ont eu le plus souvent une issue positive, ce qui aide à en garder un souvenir agréable.
Heureusement, j'imagine m'être assagie de ce côté-là.
Cependant, je me dois de vous décrire la situation de ce fameux mercredi après-midi à l'entrée du tribunal de Nanterre.
Comme je l'ai décrit précédemment, après les cours, je me rendais avec ma copine aux audiences du tribunal de Nanterre pour apprendre des différents comportements humains, puis le soir, j'enseignais la gymnastique au club de Rueil-Malmaison.
Quand tout à coup, au portique de sécurité qui permet l'accès au tribunal où une file d'attente s'était gentiment formée, un policier s'approcha de moi, sans me saluer et me jeta un :
– Montre le contenu de ton sac !
– On se connaît ?
Il me crache un :
– Bien sûr que non !
Je lui demande alors pourquoi il me tutoie.
Il me demande si je comprends le français.
Je lui réponds :
– Bah non, c'est pour ça que je vous réponds en hébreu.
Je rêve !
Je regarde ma copine et, à voix haute, lui dis :
– Tu sens comme moi ?
Elle acquiesce.
Le policier, en voyant mes affaires, me dit :
– C'est quoi ça ?

Décrire cette scène ici me paraît long, mais dans la réalité, c'était bien plus rapide et ça ressemblait plutôt à un cauchemar.
Je lui répondis qu'après le tribunal, j'allais au sport.
Il éclata de rire, devint encore plus rouge qu'il ne l'était déjà et m'exhala son haleine ultra-alcoolisée en pouffant un :
– C'est ça, ouais ! Sport en chambre plutôt !
Dans la file d'attente, tout le monde s'était arrêté de parler.
Dans ce genre de cas, je dis qu'effectivement la réciprocité est de mise… mais… !
Alors, je lui dis que, primo : il portait très mal son parfum « Ricard » et qu'il avait embaumé toute l'entrée du tribunal.
Que secundo : c'étaient des personnes comme lui qui salissaient l'uniforme.
Qu'il déshonorait la France et qu'il allait apporter un bien piètre souvenir à ces étudiants allemands qui s'étaient joints à la file d'attente.
J'ajoutai que je voyais son supérieur hiérarchique un peu plus loin, que je le connaissais à force de venir ici, et lui, au contraire, était très agréable et m'avait encouragée à continuer mes actions.
Je terminai en lui demandant s'il voulait que je l'appelle, ou s'il préférait aller faire la sieste.
Il resta sans voix, déglutit, et je partis, dégoûtée.
Les fois suivantes, il n'osa plus me parler. Je voyais bien qu'il tentait de m'approcher, mais je fis semblant de ne rien voir.
Un jour, plusieurs mois plus tard, il s'approcha de moi avec son supérieur hiérarchique – que j'aimais bien, mais avec lequel je n'avais jamais évoqué l'incident.
Tous deux me saluèrent.
Je lançai un de mes regards aimables envers l'indélicat et lui dis d'un air très étonné :
– Tiens, vous savez saluer vous ? Depuis quand ?

Je l'avoue, la rancune est une de mes qualités. Je considère que si on est doté d'une mémoire, c'est aussi à cela que ça sert : ne pas oublier ce que l'on vous fait. Surtout quand on n'a rien demandé et que son seul tort est juste d'être là, au mauvais endroit, au mauvais moment.

Donc, je n'ai jamais ressenti ce sentiment de vengeance, mais la rancune, oui, est une amie que j'ai appris à apprivoiser.

Le *gentil* me demanda de bien vouloir entendre les excuses de ce monsieur, qui aurait pu être mon père, ce qui ne manqua pas de me mettre quelque peu mal à l'aise.

Mais la jeune fille que j'étais alors fut touchée de l'effort et du courage déployés pour la circonstance.

Il avait tenu à formuler des excuses dignes de ce nom, en bonne et due forme, excuses que je ne pouvais qu'accepter, bien évidemment.

Mais ce qu'il ajouta ensuite m'émut profondément. J'eus alors (comme son collègue d'ailleurs) du mal à contenir l'énorme boule qui s'était formée dans ma gorge.

Il me remercia d'avoir été aussi franche ce jour-là avec lui et me fit savoir que cela avait constitué un déclic pour l'inciter à arrêter sa consommation d'alcool.

Qu'il n'imaginait pas un jour se faire remettre à sa place par une si jeune fille, et qu'il avait ainsi réalisé à quel point c'était devenu inacceptable pour lui et ses proches.

Ce monsieur se prénomme Philippe et j'ai encore son regard ancré dans ma mémoire.

Quand je pense au courage qu'il lui a fallu déjà dans un premier temps pour avouer seul sa faute à son supérieur – risquant sa place, vu le grand nombre de témoins de cette scène – et ensuite celui d'avoir pu mettre fin à cette terrible addiction dévastatrice.

Puis, celui de venir vers moi enfin et sous l'œil de son supérieur.
C'est fou, comme je me souviens encore de leurs regards.

Le superficiel

Dans mon dictionnaire, cela signifie : le reflet de l'ennui.
Quel intérêt à mes yeux que de vivre pour le regard de l'autre ? Aucun.
Donc je m'abstiens du qu'en-dira-t-on. Car même lorsqu'il s'agit de moi, je ne me sens pas concernée, puisque, en toute logique, à part moi personne ne peut savoir ce que je fais ou ce que je dis.
Si pour une raison quelconque ma présence dérange, ma seule proposition reste de regarder ailleurs.
Je préfère le naturel et la simplicité d'un échange plutôt qu'une promenade à bord d'une décapotable sur la Croisette.
Pourquoi cet endroit ?
Parce qu'il est rebaptisé « le miroir aux alouettes ».
On n'y croise la plupart du temps que du vent.
Cette méthode qui a l'avantage de faire le tri me garantit une certaine tranquillité, n'étant absolument pas dans la quête de vouloir plaire à tout le monde, je le confirme : j'aime que les choses se passent de la manière la plus naturelle qui soit. Pas le temps de faux-semblants.
Alors, examinons de plus près l'idée de vouloir se faire aimer des autres au prétexte que l'on possède une belle voiture, de beaux escarpins – mais qui

peuvent faire mal aux pieds –, une jolie tenue – qui peut s'avouer très inconfortable si mal ajustée, et le dernier bijou à la mode.
Séquence curiosité !
J'ai pu noter que ces personnages parfois parlaient fort, pour être bien certains d'être remarqués de tous.
Résolument, je doute que le mot superficiel s'accorde avec le mot naturel.
Alors, qu'apporte-t-il à l'utilisateur ?
Sûrement quelque chose qui m'échappe.
Mais là, étrangement, je n'ai pas envie de dépenser d'énergie inutilement pour tenter de comprendre.
Ces gens-là ont toujours plein d'amis, mais quels amis ?
Je crois que c'est le même mot utilisé sur Facebook pour être en pseudo-connexion avec de parfaits inconnus.
J'ai pu constater de nombreuses fois, totalement consternée, à quel point certaines personnes pouvaient se laisser humilier et piétiner devant une assemblée sans rien dire, juste par crainte de se voir éloigner et se faire zapper par des médiocres fortunés.
J'ai souvent observé que ceux qui snobaient les autres et avaient une attitude puante quant à l'étalement de ces nombreux jouets préalablement cités n'avaient jamais transpiré, que leur pseudo-réussite était la résultante de quelque chose de pas très clair ou bien – et là, jamais au grand jamais, on ne vous le dira –, ils ont – lorsqu'il y a une affaire à la clé – soit escroqué leurs propres parents, soit hérité, mais se gardent bien de le dire par crainte que subitement l'entourage ne retrouve la vue et la voix de l'intelligence.
Ceci est mon opinion vis-à-vis des désagréables.
Quant aux autres, ceux qui se sont construits par eux-mêmes, comme le dit justement cette expression, je leur voue mon plus profond respect car bien évidemment, leur attitude est au contraire très honorable.

Ceux-là, je les apprécie, et en règle générale je m'entends bien avec eux immédiatement.
Je perçois le côté épicurien que nous avons en commun, celui de passer un bon moment ensemble et le souhait de juste faire plaisir, en fait, c'est ce qu'il y a d'essentiel dans la vie.
Simplement vouloir faire plaisir aux gens qu'on aime, quels que soient les moyens mis en œuvre.
Sans cela, le pur égoïsme n'apporte rien de bon ni d'épanouissant dans ses valises.
La cupidité ne fait pas partie de l'éducation que j'ai reçue et la peur d'être contaminée par ce genre d'individus m'oblige à porter un masque pour éviter de respirer le nauséabond.
Je préfère la naïveté au vice !
Et j'accepte bien volontiers la première place au classement de cette catégorie, la cheffe des naïves même si vous le souhaitez, ce n'est pas grave, le temps fera le reste.
À mes yeux, la naïveté n'a rien de péjoratif, bien au contraire et cela rime instantanément avec la sincérité. Je distingue le bon côté de ce mot qui pourrait s'apparenter dans certaines situations à l'innocence, tout comme le mot gentil qui aujourd'hui s'apparenterait au fait d'être idiot.
Ce doit être mon côté rêveur qui s'exprime, mais, aussi simple que cela puisse paraître, lorsque par exemple on m'invite à boire un café, eh bien, j'accepte l'invitation pour justement boire ce café gentiment proposé.
Aucun autre schéma ne se met alors en place dans mon esprit. Je ne vous cache pas que cela m'a valu parfois des scènes dont je me serais bien passée, mais c'est ainsi, on ne se refait pas et l'on apprend à se connaître soi-même tout au long de sa vie.
Je n'ai pas très envie de développer non plus ce sujet parce que la panoplie est beaucoup trop vaste à mon goût et inintéressante, je pense que cela n'apporterait rien de particulier à votre lecture.

Mais, j'ai observé que c'était généralement le reflet d'un manque d'amour et que bien souvent ce vide et ce manque remontaient directement à l'enfance.
Comprenons-nous, j'évoquais bien le vice, là.

Grâce à Covid, j'ai oublié ce qu'était la mélodie de mon téléphone portable perso.
Je pense à voix haute et apprécie les échos. Merci.
Précision : en enlevant ceux liés uniquement aux tracas dont on se passerait bien, j'évoque seulement les appels, disons… désintéressés.

J'accepte, rien ne me dérange.
Mot d'ordre : laisser faire, le tout étant juste de ne pas être dupe.
Peut-être un nouvel apprentissage qui se profile que d'accepter de se faire claquer la porte au nez. Tout est possible.
Pour ma part, plutôt que de la craindre, je préfère vivre ma vie pleinement.

Personne ne me ramènera jamais ma mère ni mon père, cette pensée me permet d'amortir les coups et de relativiser quant aux poignards restés plantés dans mon dos. Ce qui est d'une efficacité incomparable en seconde lecture.

C'est donc parfois après avoir laissé quelques plumes mêlées à une bonne dose de souffrance, tellement les déceptions ont été nombreuses, que je m'apprête généralement au moment où l'on s'y attend le moins à rencontrer le plaisir.
Simplement le plaisir de vivre.

La gourmandise

Je confirme : depuis toujours elle est mon amie.
J'ai observé qu'en règle générale les gens qui aiment manger aiment la vie.
Le package complet de l'épicurien est rarement soulagé de ce plaisir.
Bien au contraire, la panoplie complète comprend une liste exhaustive des envies gourmandes à savourer.

Toutes les personnes ayant travaillé avec moi dans le passé se rappellent mes négociations avec les cuisiniers et en particulier les pâtissiers afin de me régaler à la fin du service d'une douceur.
Normal, ça creuse de courir pendant le service et d'être à fond tout le temps.

Jamais je n'ai discuté mon salaire, mes horaires ou conditions de travail, en revanche, concernant la pâtisserie, les chocolats et mignardises réalisées sur place, là j'étais intraitable, j'ai toujours excellé et n'ai jamais essuyé de refus.
J'avoue, le clignement des cils à la Betty Boop est imparable.
À chacun ses priorités.

Quel que soit l'endroit, ma curiosité culinaire l'a toujours emporté.

Le chocolat aussi est un grand ami depuis toujours.
Savoir se faire plaisir.

Le plaisir

C'est un prénom que j'aurais bien aimé porter.
Que puis-je vous dire de négatif à ce sujet ?
Absolument rien, car il n'y a que du positif, une punition infligée que je souhaite à chacun au quotidien et sans modération.
Qui en fait est un vrai sujet et aussi vaste que l'infini car beaucoup ne savent pas se délecter des petits plaisirs du quotidien.
La corrélation avec le bonheur est directe et certains ne sont tout simplement et ne seront jamais prêts à recevoir le bonheur, c'est ainsi.
Marquée par différents évènements, je constate que c'est une des choses que je sais faire.
Faire plaisir aux autres et me faire plaisir.
J'ai conscience que le bonheur se partage et apporte un bien-être immédiat.
Sensible et lucide envers les marques d'attention que me portent les belles âmes qui viennent croiser mon chemin, souvent par la gent masculine avec qui, il est vrai je m'entends bien.
Cependant, le plaisir peut être volontairement gâché par les malveillants qui vous approchent sournoisement.
Un bouclier virtuel très actif est alors souvent nécessaire pour tenter de limiter les entailles dans le dos.

Cela peut toujours servir et atténuer la douleur.
La majorité des femmes ne m'aime pas vraiment et si je l'ai constaté, subi beaucoup trop souvent à mon goût, parfois dès mon plus jeune âge, je m'en suis accommodée.
Au fond, « la seule » femme qui m'ait vraiment aimée sans contrepartie ni calcul était ma mère !
Aucune stratégie manipulatrice, simplement de l'amour et le souhait de me protéger.
À une exception près, car c'est bien une des seules femmes avec laquelle je n'ai pas ressenti cet étrange sentiment de jalousie et de profonde méchanceté, cette méchanceté qui pour moi représente une telle perte de temps inutile.
Elle est gratuite, c'est certain, c'est peut-être de là que vient son succès.
Cette femme, Eliane Houlette, fait partie des grandes dames de ce monde, si rares et avec un charisme hors normes. Je lui voue toute mon admiration pour son intégrité, sa persévérance et surtout sa liberté d'action grâce à ses choix de comportements de vie très fortement honorables. J'ai eu l'occasion de lui en faire part, et je trouve ça génial. Pouvoir dire à quelqu'un en face qu'on l'adore est juste synonyme de plaisir à l'état pur.
En cela, je cultive mon côté naturel que je remercie car il est mon allié dans bien des situations me permettant de me délecter de la vie.
À ce propos, j'ai même fait de son successeur un parfait complice et ce dès que nous avons fait connaissance, il lui ressemble tant.
Je l'admire, mais chut… il est en fonction, donc il ne faut pas que cela s'ébruite trop.

Voilà la description du plaisir, comme je l'aime, et heureusement pour moi, je suis en accord avec moi-même.

Ce qui aide grandement à la sérénité.
Dommage que cette femme que j'aime beaucoup ait pris récemment sa retraite, car cela signifie que nous nous verrons moins souvent, mais il est temps aussi de savourer ce plaisir.
Loin des yeux, mais près du cœur.
Pour le reste, jusqu'à ce jour c'est différent.
S'il y a eu des rencontres féminines sincères et bienveillantes à mon égard, qu'elles se manifestent, ou alors cela voudrait dire que je n'ai rien compris.
Je n'éprouve absolument aucune gêne à l'écrire noir sur blanc puisque de toutes les façons cela n'y changera rien.
J'en ai pris l'habitude, comme une routine relationnelle féminine que je sais dès le début être pertinemment éphémère. C'est acté !
Les pour et les contre s'équilibrent d'eux-mêmes sans que j'aie à intervenir, quelle économie d'énergie pour moi !
Ça me va très bien ainsi et au contraire, cela décuple mon épanouissement personnel, puisque, comme je l'ai écrit précédemment, il vaut mieux être seule que mal accompagnée.
Ce plaisir de simplement vivre sa vie, et de tenter de la construire comme on le peut, est parfois gâché par des contrariétés, lesquelles nous apprennent à rebondir. Lorsque j'étais jeune, je n'étais pas très habile au saut de haies au stade Yves-du-Manoir à Colombes. J'ai progressé depuis, car les coups qui font mal, vous les recevez généralement en pleine face de la part des lâches. Pire encore, celui qui vient vous cueillir en plein cœur, celui qui vous blesse tellement qu'il vous paraît insurmontable et altère de toute évidence ce plaisir. En somme, l'hypocrisie, j'appelle cela *le courage des lâches*.
Il paraît que ça forge le caractère, je vous garantis que je m'en passerais bien.

Alors, une fois toutes ces banalités de la vie placées, on peut quand même s'accorder un peu de répit.
Vous ne croyez pas ?
Si l'on a survécu à tout cela, il faut aller tout schuss[19] sur cette route du plaisir à consommer sans modération. Attention, je n'ai pas dit « tous » les plaisirs !

Nous avons chacun une conception personnelle de la chose, fort heureusement d'ailleurs, sinon ce serait bien ennuyeux que nous ayons tous les mêmes goûts.
J'ai eu l'occasion d'entendre parfois que dans la vie, sous prétexte d'aboutir au plaisir, il fallait tout essayer, tout explorer.
Franchement, non ! Négatif.
Les explorations hasardeuses, ou pour faire comme tout le monde, ce n'est pas pour moi.
Qui plus est, toutes les expériences ne mènent pas au plaisir.
Pendant mon adolescence justement, il m'est arrivé de refuser d'imiter mes camarades pour bien des choses qui ne m'intéressaient vraiment pas et je ne le regrette pas.
Par exemple, je n'ai jamais fumé un joint de ma vie.
Ce qui en a choqué plus d'un, lorsqu'une fois adulte, il m'est arrivé parfois d'aborder ce sujet, comme s'il était impossible de ne pas avoir au moins essayé.
Ado, je me rappelle parfaitement que mon refus d'y goûter avait été vécu comme un affront de la part de l'auto-décrétée *cheffe de bande*, qui, elle, avait pour objectif que personne ne le lui refuse rien, fille ou garçon.
J'étais plutôt sportive à l'époque, puisque ma santé me le permettait encore, et, de retour du gymnase de la Tour d'Auvergne à Colombes avec mon sac de sport, je les croisais régulièrement sur le trajet. Je

19 Tout schuss : très vite, à tombeau ouvert.

n'aimais déjà pas l'odeur de la cigarette, alors encore moins celle du *shit.*
Ma punition fut une sanction immédiate de la *cheffe de bande,* puérile, âgée à l'époque d'une quinzaine d'années.
Elle proclama à voix très haute son verdict exécutoire en m'infligeant une lourde peine au tribunal de la rue, son réquisitoire était pourtant irrecevable à mon sens.
Elle était montée en température et subitement me balança :
– Ah bon, eh bien puisque c'est comme ça, tu ne nous adresses plus la parole, c'est fini entre nous (rien n'avait jamais commencé). Compris pour tout le monde ? ajouta-t-elle.
À cet instant, elle a certainement pensé que j'allais partir effondrée par l'humiliation qu'elle souhaitait m'infliger.
J'en ris encore en écrivant ces lignes.
Au contraire, j'étais trop contente de m'être débarrassée de ces parasites sans même avoir cherché à le faire.
Ce groupe de filles me regarda ébahi lorsque j'ai répondu :
– Merci !
C'est vrai, c'est drôle comme les gens ne savent pas dire merci, c'est pourtant un mot simple et facile à prononcer.
La terreur me dit :
– Comment ça merci ?
Je répondis :
– Tu comprendras plus tard.
Dans un silence assourdissant et des plus agréables, je poursuivis mon chemin tranquillement.

Le comble de l'histoire est qu'il y a environ une vingtaine d'années, un jour, une de ces filles est venue déjeuner avec un client qui, lui, était déjà un habitué de *La Barrière.*

Quel ne fut pas son étonnement de me voir, après tant d'années, « être devenue serveuse », m'a-t-elle dit.
– Tu ne te prédestinais pas à ce type de métier, lorsque tu étais gamine car tu étais tellement investie dans le sport que rien d'autre ne t'intéressait, en tout cas rien de ce qui nous, au contraire, nous attirait : ni les garçons, ni les sorties en boîte de nuit, ni l'alcool et encore moins…
Elle s'arrêta net et éclata de rire en se rappelant cette séquence, elle me dit :
– Toi, la fille si sage qui avait réussi le plus naturellement du monde à faire taire *la cador* !
Je m'en souviens comme si c'était hier, elle rajouta :
– Elle nous a toutes saoulées longtemps, avec ton « Merci » qu'elle n'arrivait pas à comprendre et que nous toutes non plus n'avions pas compris.
Puis, le client se permit de l'interrompre en indiquant que c'était sympa pour nous de nous revoir après autant de temps écoulé, qu'il ignorait que cela était possible avant de l'inviter dans ces lieux.
Il ajouta :
– Malika est la directrice de l'établissement. Je te dis ça juste parce que tout à l'heure tu disais ton étonnement qu'elle travaille ici en tant que serveuse. Et le chef Jérôme en cuisine est son époux.
Sans s'en rendre compte, elle est restée quelques secondes la bouche grande ouverte, le temps de réaliser ce qu'était en train de lui dire notre client, qui, effectivement, nous connaissait très bien, étant un habitué.
Je l'interrompis, car visiblement ça faisait trop d'informations nouvelles à mon sujet en trop peu de temps.
Il faut préciser qu'une des dernières fois que j'ai dû la croiser dans ma jeunesse, je devais avoir sur le dos soit des affaires de gym, soit des bouquins, mais que je n'étais sûrement pas en tailleur et talons hauts.

Pour tenter de désamorcer ce qui visiblement était un réel choc qu'il fallait tenter de digérer pour la demoiselle (à l'époque nous pouvions encore employer ce mot pour désigner les jeunes filles ayant passé l'âge des Catherinettes, vous vous souvenez ?), je dis au client :
– Laissez-moi annoncer mon fils !
J'ai bien cru qu'on l'avait perdue à ce moment-là, et elle répéta hagarde :
– Ton fils ? Parce que tu as des enfants en plus ?
Je fais une pause à cette histoire, pour voir si de votre côté vous êtes d'accord avec moi ou bien si c'est moi qui plane dans d'autres lieux.
Qu'y avait-il de si anormal à ce moment de la discussion, un travail, un mari aimant et un fils ?
Le voici justement, il se traîne d'une démarche à la fois langoureuse mais aussi majestueuse, il n'est pas très haut ni bavard et il ne dit même pas bonjour.
Comme presque tous les gamins aujourd'hui.
Ah oui j'oubliais, il est très poilu et ne sait pas marcher sur ses deux jambes.
– Je te présente Pétrus ! Mon fils !
J'ajoutai :
– C'est un millésime 99, eh bien oui, en tant que chien de restaurateurs il méritait au moins cela : non ? Son prénom lui va bien, tu ne trouves pas ?
Cela agit comme un électrochoc, et elle soupira avec un tel soulagement que je compris que cela aurait été vraiment trop si, en plus, je lui avais présenté un gosse.
On a frôlé le malaise ce jour-là, enfin, je crois (j'amplifie).
Dommage, il n'y avait pas d'enfant lors de ce déjeuner dans la salle.
J'aurais quand même bien aimé voir la suite.
Et là, elle me dit :
– Ça y est, je viens de comprendre ton « Merci ».
Combien d'années s'étaient écoulées depuis ces cinq lettres que j'avais prononcées ?

Puis elle ajouta :
– Comme tes choix étaient les bons, on avait tendance à se moquer de toi jeune car tu n'avais pas de copines ni de copains et tu ne faisais qu'école/sport/maison.
J'enchaînai : « Oui, comme on fait métro/boulot/dodo », puis je souris.
Jérôme arriva en salle à cet instant et nous fîmes les présentations.
Puis il resta un petit moment pour la suite de l'histoire. Je pense qu'il est toujours agréable de présenter à sa moitié un témoin de sa jeunesse. C'est à la fois sympathique et étrange.
Puis elle décida de m'expliquer le parcours plutôt rocambolesque de chacune des membres de ladite bande de filles de l'époque.
Le tableau en question ne faisait pas rêver et n'était pas vendeur non plus.
Ce que chacune d'entre elles était devenue, selon ses spécificités la laissa un court instant pensive et le client songeur.
Mais il y a des moments dans la vie où le choix nous est proposé et il est bon de suivre son instinct quand cela est possible.

Puis, j'interrompis cette conversation à l'arrivée d'autres clients, devant poursuivre mon service.

Grâce à Covid-19, le nouveau maître du monde, nous avons eu le temps, chacun, de nous pencher sur les plaisirs assouvis. Cela me fait sourire en écrivant ces mots car je me dis que je ne regrette rien, oh que non ! Comme je suis enchantée de mon état d'esprit, qui, depuis toujours, m'a appris qu'il fallait savourer chaque bon moment de la vie !

Le plaisir de se faire plaisir.

La santé

Sans cela, plus rien n'a de sens.
Avec l'arrivée de « Mister Corona », certains ont découvert que c'est un bien précieux.
Je me souviens de ce qu'un client bien plus âgé que moi m'avait répondu à l'entrée lors de son arrivée au restaurant, au moment où je venais de lui présenter mes bons vœux pour une nouvelle année qui démarrait. Qu'il s'en fichait complètement de la santé, que ce qui lui importait était de gagner beaucoup d'argent.
Je rapporte ses propos tels quels : qu'il ait un maximum de clients et qu'il puisse s'acheter le dernier bolide à la mode d'une marque allemande prestigieuse.
Avant je l'appréciais ; depuis ce jour, c'est différent.
C'est comme s'il était là, mais qu'il n'était pas là en fait.
Ça m'avait surpris de sa part, car étant déjà venu plusieurs fois, nous avions eu l'occasion de sympathiser et d'aborder différents sujets.
Mais il ne m'avait jamais révélé ce trait de personnalité.
Vous avez observé le manque de courtoisie lié à l'aveuglement pour ses priorités matérielles, il ne m'avait pas habitué à cela non plus.

La réponse à mes vœux n'était orientée que vers lui.
Et c'est tout sourire, l'air satisfait qu'il a accepté de me suivre pour être conduit à la table qu'il m'avait réservée.
Il était de bonne humeur et absolument pas conscient de ce que ses mots venaient de briser en moi.

Mais, tout compte fait, j'étais contente pour lui, parce que pour sortir de telles idioties aussi grandes que lui, il avait forcément dû être épargné par la vie.
Tenu à l'écart de tout problème de santé et n'ayant pas eu à subir de grosses difficultés.
Ou peut-être était-il tout simplement complètement insensible à tout ce qui lui était étranger.
C'est étrange cette expression, je ne l'aime pas trop, mais il est vrai que la roue tourne.
Je ne l'aime pas car elle laisse sous-entendre que vous souhaitez du mal à l'autre.
Mais en fait, en tout état de cause, la roue tourne.
Environ deux ans plus tard, après une longue absence, cet homme est revenu. Totalement changé, il était devenu humble, modeste et attentif à la personne qui se présentait à lui.
Sur le tard, l'expérience de la vie vous fait enfin prendre conscience que, pendant toutes ces années, vous aviez tout faux.
Mon mari étant venu le saluer en salle, je crus comprendre qu'il avait eu certains déboires financiers, mais surtout, au moment où j'apportais les plats, je l'entendis lui dire :
– Tu sais, Jérôme, si tu n'as pas la santé, tu n'as rien.
Incroyable, je n'en revenais pas.
On dit que l'amour rend aveugle et que le mariage rend la vue, mais là il ne s'agissait pas de cela.
Qu'avait-il bien pu se passer pour qu'il retrouve la vue et cette prise de conscience si tardive ?
Jérôme me jeta un air complice puis je m'éclipsai préférant les laisser continuer à discuter entre hommes.

Je sus plus tard que son associé avait, lui, rencontré de sérieux problèmes de santé.

Aujourd'hui encore, je suis toujours épatée lorsque j'entends des personnes de plus de cinquante-cinq ans, qui ont vécu donc, mais qui malgré cela découvrent subitement qu'ils ne sont pas éternels et que oui, comme nous tous, ils finiront par mourir un jour.
Généralement, ils ont l'air quand même très dubitatifs, voire sceptiques, lorsqu'ils sont face à cette évidence.
Moi, dans des cas pareils, je suis épatée.
Pour ma part, ma santé a été fragilisée dès le tout début, avant même que je ne sache ce qu'était une bouffée d'oxygène.
Les médecins étaient tous formels sur le diagnostic :
– Madame, il vous est impossible de garder cet enfant !
Moi, en l'occurrence.
– Ce sera vous ou l'enfant, mais jamais les deux, lui ont-ils dit. Vous avez l'obligation d'avorter car vous avez quarante ans, un âge beaucoup trop tardif et impossible pour avoir un enfant et vous ne pouvez pas laisser neuf enfants orphelins. Il faut absolument nous écouter ! Vous n'avez pas le choix !
Tiens, prends ça en pleine tête et débrouille-toi.
Le doute s'installe forcément lorsque le corps médical déploie son arsenal pour vous faire entendre « sa » vérité.
Contrariée, en perpétuel questionnement sur l'ultime décision à prendre, après maintes discussions avec mon papa, après de multiples insomnies et j'en passe…
Une nuit encore blanche pour ma mère qui n'arrivait pas à se décider, à demi ensommeillée sûrement à un moment de cette encore très longue nuit, elle vit un ange.
Raconté par ma mère, ça me donnait vraiment la chair de poule et le peu de fois où je l'ai entendue narrer cette histoire, même le plus sceptique était

subitement convaincu et me regardait avec un air très... comment dire ?
Très mêlé à la fois d'admiration et d'incompréhension, mais toujours avec ce regard tendre qu'amenait un tel récit.
– Que vous a dit cet ange, Madame ? Vous a-t-il parlé ?
Je marque une pause pour préciser quand même que ma mère n'était pas le genre de femme à affabuler et que toutes ses actions étaient respectées car elle avait la force des grandes femmes de ce monde.
Une fois, un de ses amis de longue date, depuis même son enfance, qui était invité à la maison au cours d'un dîner, m'avait dit :
– Tu n'imagines même pas le courage que ta maman peut avoir eu tout au long de sa vie. Elle vaut dix hommes !
Et il avait rajouté :
– Tu es bien tombée, dans une bonne famille, car ton père aussi a bravé avec honneur toutes les difficultés.
J'étais jeune, mais je me souviens que j'avais compris le message, mais... cette phrase ne m'avait surtout pas laissée indifférente, car elle laissait sous-entendre que j'avais été adoptée ou alors y avait-il eu échange de berceau à la maternité de l'hôpital Louis-Mourier à Colombes ?
Alors, revenons à cet ange qui est venu voir ma mère en cette veille de l'ultime décision que de devoir faire le choix d'avorter ou de garder la vie qui naît en vous.
Un maigre filet de lumière apparaissait sur le plafond de la chambre parentale à travers le rideau en ce soir de pleine lune.
Depuis son lit, ma mère fixant le plafond vit un ange comme descendre du lustre et lui sourire avec cette lumière rayonnante qui laissa le temps à ma mère de constater que mon père, à ce moment même, dormait d'un sommeil profond.
Puis l'ange lui dit :

– Ne t'en fais pas, tout va bien se passer. Ta grossesse va bien se passer et cet enfant te comblera.
Puis il repartit en lui offrant ce sourire réconfortant dont elle avait besoin.
Elle tenta de réveiller mon père en vain, il devait être dans un rêve très lointain à cet instant et laissa juste échapper un gémissement sans bouger.
Bien évidemment, elle ne ferma pas l'œil de la nuit, se pinçant pour se rendre compte qu'elle était bien réveillée au moment de la venue de cet ange.
Au réveil très matinal habituel de mon père, elle lui raconta ce qu'il venait de se passer lors de cette nuit décisive, en lui affirmant qu'à présent elle savait enfin ce qui lui restait à faire et que, malgré l'insistance unanime de tous les médecins qu'elle était allée consulter, elle garderait cet enfant !
Apaisée enfin, elle ajouta qu'elle allait affronter la tempête avec les médecins fermement mais sereinement.
Personne ne pouvait barrer la route de ma mère, malgré sa petite taille, lorsqu'elle avait décidé quelque chose personne ne pouvait la faire fléchir.
Ce signe du destin, qu'il ait été imaginaire ou réel, avait décuplé ses forces.
Une véritable *warrior,* ma maman, avec tout le bon sens nécessaire.
Le lendemain, le couple de voisins de confession juive est venu offrir à mes parents des gâteaux à l'occasion d'une fête, profitant aussi de cette occasion pour demander à mes parents quel était alors leur choix concernant cette grossesse.
Ces voisins de palier et mes parents étaient très liés après toutes ces longues années passées à s'entraider et à fêter les bons moments ensemble.
Ils se respectaient mutuellement et ma mère considérait cette voisine comme sa propre petite sœur que la vie lui aurait arrachée.

Son époux demanda à ma mère – puisque sa décision était maintenant prise à mon sujet – si ma mère avait une idée concernant le prénom de ce futur enfant.
Ma mère lui sourit en lui précisant qu'elle était en rupture de stock après avoir choisi chacun des neuf précédents prénoms.
C'est alors qu'il lui demanda s'il pouvait soumettre son souhait, et lui demanda – au cas où ce serait un garçon – si elle pouvait l'appeler Malik.
Et que, s'il s'agissait d'une fille, elle la prénomme Malika.
Il ajouta que ça lui ferait très plaisir, car son meilleur ami de jeunesse s'appelait Malik, qu'il était une belle personne et que leur amitié était toujours d'actualité puisque tous deux fidèles à celle-ci, et qu'après tous les orages qu'avaient dû affronter mes parents, il lui semblait être LE prénom face à cette situation délicate.
Aussi que la traduction de ce prénom était très jolie et qu'elle lui plaisait beaucoup puisque :
Malik signifiait « roi ».
Malaïka signifiait « ange ».
Par conséquent que si ma mère portait une fille, ce prénom Malika signifierait :
« La reine des anges. »
À ce moment-là, mes parents s'arrêtèrent et se regardèrent en silence.
Puis il demanda à mon père s'il n'y voyait pas d'inconvénient.
Mon père acquiesça et lui dit que bien au contraire, non seulement ce choix de prénom lui plaisait beaucoup, mais qu'en plus il tombait à point nommé et il se lança dans la narration de cette fameuse nuit vécue juste la veille par ma mère, pendant que celle-ci préparait le café pour savourer ensemble les délicieux gâteaux fraîchement réalisés et gentiment offerts par ceux-ci.

Ces voisins, tous deux très croyants, ont dit à ma mère, une fois qu'elle les eut rejoints, qu'il n'y avait aucun doute, que l'on y croie ou pas, qu'il s'agissait bien là d'un signe. Ils se voyaient à présent rassurés pour mes parents, et ne manqueraient pas à l'avenir de venir me souhaiter ma fête le 15 août, qui est également la fête de la sainte Marie.
Voici l'origine de l'idée du prénom que je porte.
Une belle grossesse sans encombre aux dires de mes parents.
Un accouchement normal, mais une arrivée déchirante pour ma part, puisque le médecin qui m'a sortie du ventre de ma mère m'a cassé la clavicule droite en guise de bienvenue.
Il paraît que je n'ai pas attendu la tape sur les fesses pour crier. Peut-être étais-je déjà en train de lui fixer un rendez-vous pour plus tard, au moins pour voir les yeux de celui à qui je penserai à chaque crise douloureuse d'arthrose, à la suite du beau cadeau qu'il venait de me faire pour la vie.
Disons qu'il devait être stressé par cette grossesse normalement impossible !
Une enfance que j'ai traversée heureuse, complice depuis toujours avec mes deux adorables parents, qui avaient eu l'intelligence de suivre leur conviction et à qui je devais la vie. Mais avec une histoire en plus qui me plaît beaucoup, il paraît que j'étais la chouchoute.
Alors concernant ma santé, ma petite enfance s'est bien passée jusqu'au jour où un de mes reins a cessé de fonctionner.
J'avais sept ans, avant d'aller me coucher, je me rappelle parfaitement avoir signalé à ma mère que ma lèvre me grattait et me piquait, elle m'appliqua alors une crème pour me soulager de ces démangeaisons.
Le lendemain au réveil en passant devant le miroir, j'ai crié si fort que mes parents ont déboulé ensemble

en ouvrant brusquement la porte pour savoir ce qu'il se passait.
Ma mère s'attrapa les deux joues et mon père mit sa main sur la tête.
On aurait dit *Elephant Girl*. Mon visage était tellement gonflé que j'étais méconnaissable, mes lèvres avaient alors triplé de volume, mais sans avoir eu à y ajouter de botox ou une autre substance chimique. Je n'y connais absolument rien dans ce domaine (celui de la chirurgie esthétique). Mon œil droit était le même que celui de Rocky Balboa après un violent combat, c'est peut-être de là que vient mon attrait de la boxe. Ma joue gauche avait tellement gonflé et était si rouge qu'on avait l'impression qu'elle allait éclater et, pour couronner le tout, les démangeaisons étaient subitement devenues insupportables.
Direction les urgences de l'hôpital Necker enfants malades dans le XVe arrondissement de Paris, où j'ai immédiatement été prise en charge, vu la gravité apparente de mon visage, que le personnel hospitalier a tout de suite diagnostiqué.
Le verdict tomba tel un coup de massue.
– Madame, Monsieur, le rein droit de votre enfant a cessé de fonctionner et nous ne savons pas encore si cela est définitif et s'il faudra envisager une greffe, ou bien si la situation, par miracle, s'améliorera. Un médecin qui parle de miracle ?
Non, ce n'est pas réel !
Si, si, c'est bien la réalité qui se déroule au ralenti, là et maintenant.
– Nous allons garder votre fille en hospitalisation très surveillée pour voir et comprendre comment la situation va évoluer.
Je me rappelle l'expression de chacun des visages qui m'entouraient et compris parfaitement que l'heure était grave vu la difficulté de chacun à contenir ses larmes.

Un de mes grands frères était présent puisque c'était lui qui nous avait accompagnés. Le silence pendant ce trajet interminable ne laissait entendre que mes gémissements, allongée que j'étais sur la banquette arrière de sa BMW grise. Je me rappelle les risques qu'il a pris sur la route pour que l'on arrive au plus vite, en demandant à ma mère pendant le trajet si elle avait une idée de ce qu'il m'arrivait.
Je compris que sa gorge était bien trop encombrée par les sanglots, ce qui l'empêchait de prononcer un seul mot.
En jetant un œil sur le rétroviseur intérieur, je perçus les larmes contenues dans les yeux de mon grand frère, tellement inhabituelles au vu de sa personnalité.
Mon hospitalisation fut adoucie par la gentillesse et toutes les attentions à mon égard par le personnel hospitalier.
Les intraveineuses avaient aussi rendu la douleur plus supportable…
Les jours passèrent, les nuits passèrent…
Je suis épatée par la mémoire et combien elle peut garder figées les situations marquantes. J'ai le souvenir précis des livres que les infirmières m'ont offerts, les peluches, les jouets et même les douceurs qu'elles m'apportaient gentiment.
Leur sens de la pédagogie pour faire passer un message important de la manière la plus ludique possible m'émerveillait déjà, car dès que la porte se refermait et que je me retrouvais toute seule dans cette chambre trop grande pour une fillette, ce lit beaucoup trop haut et trop grand aussi, mon cerveau ne cessait de faire des tours pour me faire tenter de comprendre que je n'avais pas d'autre choix que de faire face.
À sept ans. Il est vrai qu'en cela, les problèmes graves de santé vous font gagner en maturité.
Il faut bien quand même qu'une situation pareille puisse vous apporter un petit peu d'enseignements.

L'amour prodigué par mes parents au quotidien, alors qu'ils avaient neuf autres enfants à élever à la maison, me comblait à chaque visite. J'avais conscience en plus que ça leur coûtait beaucoup sur le plan de la fatigue, cela leur ajoutait une trop grosse pression supplémentaire en plus de celle de leur travail...
Jusqu'au jour où le médecin convoque mes parents qui s'attendaient sûrement au pire, et il leur annonce qu'il n'a absolument aucune explication à leur fournir pour justifier le rétablissement d'une situation jugée si critique il y a plusieurs jours.
Mes parents, si costauds qu'ils étaient, n'ont pas pu retenir leurs larmes et malgré leur regard noyé par celles-ci, ma mère attrapa le médecin et le serra très fort dans ses bras.
Ce dernier les avertit ensuite qu'il avait décidé de me garder en observation pour être sûr que je sois bien tirée d'affaire.
Je garde, malgré tout, un bon souvenir de mon passage forcé dans cet immense hôpital qu'est l'hôpital Necker.

À l'âge de neuf ans, je me fis renverser par une moto de retour de Maintenon. Cette école située à Colombes était à un petit quart d'heure à pied du domicile de mes parents. Comme je ne mangeais pas à la cantine, ma mère nous avait bien briefées, ma grande sœur et moi, pour ne jamais nous attarder et rentrer au plus vite.
Ce jour-là, en chemin ma grande sœur décida de s'amuser sur chacun des bancs installés à l'époque devant le cinéma de Colombes en face de la mairie.
Je rappelai à de nombreuses reprises à ma grande sœur ce que nous avait demandé de faire notre mère, l'incitant à cesser ses pitreries.
Il est vrai que j'ai toujours été disciplinée et je n'aimais pas que l'on fasse attendre ma mère.
Elle n'en fit qu'à sa tête, mes paroles s'évaporaient au vent.

Fâchée, je décidai alors, face à son attitude volontairement nonchalante de poursuivre le chemin seule, espérant qu'elle accélère par la suite pour me rattraper.
La colère m'a fait oublier toute vigilance lorsque j'ai traversé cette fameuse rue, à l'angle de laquelle se trouvait une grande boulangerie.
Le choc fut ultra-violent !
Aux dires des passants qui se sont tout de suite empressés de m'entourer pour me porter secours, j'ai valdingué très haut et me suis retrouvée à plusieurs mètres des passages cloutés.
Je ne sentais plus mon corps et, en état de choc, je ne compris rien de ce qui se passait autour de moi, allongée par terre au milieu de la route, tous ces inconnus autour de moi qui me questionnaient, ma sœur qui pleurait et me demandait pardon.
Quand enfin je vis un grand monsieur, casque sous le bras en train de se tenir la tête à deux mains, je me souviens de son visage.
Je réalisai alors la raison de cette scène, car évidemment par ma faute, en traversant en courant, je n'avais absolument pas vu cette moto.
Il s'agenouilla et me prit la main, j'étais frêle et tremblotante.
Il n'arrêtait pas de s'excuser et avait les yeux pleins de larmes.
Lui aussi sous le choc ne savait pas trop quoi faire, il remit sa carte de visite à ma grande sœur en lui demandant de la transmettre à nos parents.
Tous les clients de la boulangerie sortirent et regardaient la scène, ébahis.
Je repris mes esprits et essayai de me relever car je ne pensais qu'au retard qu'on ne devait absolument pas avoir pour rentrer chez nous, j'en faisais une obsession et me relevai tant bien que mal dès que je le pus en faisant semblant d'aller bien pour que les gens me laissent partir sans appeler les secours.

Ma jambe me faisait terriblement mal, mais avec le jean je ne voyais pas ce que j'avais sur la peau, mon coude avait triplé de volume et mon poignet me faisait mal.
Avec insistance, les personnes qui m'entouraient s'étaient alors proposées pour me raccompagner auprès de mes parents, ce que je ne voulais surtout pas, pour ne pas inquiéter ma mère.
Sur le trajet du retour, je me demandai comment il était possible, après le vol plané que l'on m'avait décrit, que je n'aie rien de visible.
En revanche, j'avais une migraine qui devenait de plus en plus insoutenable.
Nous avons réussi finalement à poursuivre notre chemin toutes les deux. Ma sœur tout en me regardant ne cessait de s'excuser pour le fait qu'elle se sentait plus que responsable de cet accident, elle n'arrêtait pas de me demander si j'allais mieux.
Je lui demandai surtout de ne rien dire à notre arrivée à la maison.
Il faut savoir que je craignais surtout d'être réprimandée du fait de ma conduite en traversant. Plusieurs minutes après notre arrivée, alors que j'étais allée me cacher dans les toilettes pour découvrir l'ampleur des dégâts sur mon corps, ma sœur profita de mon absence…
À ma sortie, ma sœur et ma mère m'attendaient devant la porte.
Ma mère me prit dans ses bras et me demanda pourquoi je ne voulais rien dire et lui cacher une chose si grave.
Pendant que ma sœur se joignait à l'accolade, je lui expliquai que je ne voulais pas la décevoir.
Elle me déshabilla pour constater par elle-même si oui ou non il fallait appeler les secours que j'avais refusés lorsque j'étais à terre.
C'est vrai, il n'y avait pas encore de téléphone portable – nous étions à l'époque des cabines téléphoniques

transparentes et marron –, mais comment avais-je réussi à convaincre de ne pas appeler les secours ? Ma grande sœur remit la carte de visite du motard qui malheureusement avait croisé ma route et se sentait responsable de cet accident spectaculaire, mais je ne sais comment j'ai réussi à m'en tirer seulement avec ces quelques bobos qui passèrent au cours des trois semaines suivantes.
Une fois ce pépin désormais derrière moi, je grandis normalement jusqu'au pépin suivant.
Tant qu'à faire, avec un cran supérieur pour amuser la galerie, si toutefois quelqu'un m'observait derrière son judas.
S'il existe plusieurs vies, selon la foi de certains croyants, il m'est avis que dans une vie précédente je devais être une très mauvaise personne, et qu'il fallait que je règle mes comptes dans cette vie et le plus tôt possible.
Cette fois, je sortais à peine de l'adolescence, il s'agit de l'époque où je résidais encore chez mes parents. Pendant la journée, je suivais des cours à Paris, car je suivais alors une formation en vue d'enseigner plus tard la gymnastique artistique, et le soir, de retour à Colombes, j'enseignais sous la tutelle de mon prof, puisque je n'étais pas encore diplômée pour pouvoir le faire.
Puis un jour, je me sentis subitement affaiblie, avec un excès de fatigue, une perte d'appétit, des céphalées, et mon teint s'apparentait à la citronnade que j'aime tant.

Notre médecin familial, le docteur Henry A., était absent car parti à l'étranger pendant cette période.
Je demande alors à ma copine de l'époque, Nathalie H., de m'indiquer qui était son médecin et me donner ses coordonnées.
Je me souviens qu'elle m'avait dit qu'elle était vraiment très sympa.

Pas avec tout le monde visiblement. Il est vrai que je ne suis pas blonde et que j'ai encore moins les yeux bleus. Cette femme d'une quarantaine d'années, le docteur Sarfati, qui exerçait sur une jolie place, me réserva le plus médiocre des accueils que l'on m'ait jamais réservé tout au long de ma vie.
Pourtant, notre échange téléphonique le matin même avait été très agréable, d'autant que je lui avais annoncé qu'elle m'avait été recommandée par mon amie, une de ses patientes.
Une fois devant elle, le changement était si radical que je me demandai s'il était possible que je me sois trompée de *toubib,* ce qui était bien évidemment impossible puisqu'il n'y avait qu'elle comme personne qui avait signé le serment d'hypocrite.
Oh, pardon, j'ai dû faire une faute de frappe, ou je ne me souviens plus de quoi il s'agit lorsqu'on prend un tel engagement que l'on n'honore visiblement pas.
Rendez-vous expéditif, elle m'interrompit net alors que je démarrais à peine la description de mes symptômes et elle me cracha son diagnostic à deux francs six sous :
– Gastro-entérite ! Ça fait tant !
À peine payée, elle se lève très rapidement et m'ouvre la porte avec un signe de tête qui voulait clairement dire : « Dégage. »
Jetée dehors, je regarde l'ordonnance qu'elle m'avait tendue une fois sur le pas de la porte, et dubitative, je me rends quand même à la pharmacie.
En rentrant, je préfère ne rien dire à mes parents sur cette mauvaise rencontre.
Mais je restai convaincue que ce que j'avais était plus grave qu'il n'y paraissait et que ce n'était que reculer pour mieux sauter.
Pourvu que la chute ne soit pas trop violente.
Ma mère me demanda alors quel diagnostic m'avait annoncé ce médecin qu'elle ne connaissait pas, et me

conseilla de bien prendre le traitement qu'elle m'avait prescrit.
Comme j'aurais aimé avoir tort !
Autant il y a des gens qui adorent avoir toujours raison, eh bien moi, aujourd'hui, cela m'est égal de me tromper.
Mon pressentiment était malheureusement justifié, et mon état s'était fortement aggravé, le traitement prescrit étant totalement inapproprié.
Bien qu'elle m'ait réservé un accueil (mot parfaitement inapproprié pour l'occasion) des plus pourris, je me devais de retourner la voir. Malgré la proximité de son cabinet, vu mon état pitoyable, j'avais du mal à me déplacer tellement je paraissais complètement usée.
Mon médecin traitant étant toujours absent et ne connaissant pas d'autre praticien qu'elle, je n'avais pas d'autre recours…
Je décidai donc de m'imposer, car je savais pertinemment qu'elle ne m'accorderait pas d'autre rendez-vous.
En chemin, je me mis à espérer fortement qu'il y ait du monde dans la salle d'attente, ce qui l'obligerait à me recevoir et à ne pas me dégager comme elle l'avait fait de manière si lâche quelques jours auparavant.
Définition du courage pour les crapules :
La force des lâches.
Ne s'en prendre qu'à plus faible que soi.
J'étais beaucoup trop jeune pour entendre ce qu'elle m'a sournoisement jeté à la figure entre quatre yeux ce jour-là, enfermée dans son cabinet.

Depuis notre entrevue, mon teint avait complètement viré au jaune y compris le blanc de mes yeux.
Souvenez-vous, j'étais censée avoir une gastro-entérite.
Elle fit une sale tête quand elle me vit et son sourire est passé à l'envers.
Mais je captai à cet instant précis dans ses yeux marron foncé qu'elle venait de comprendre son erreur avec son diagnostic de pacotille.

Évidemment, elle ne me reçut pas tout de suite et préféra me laisser patienter là assise sur sa chaise inconfortable.
La fièvre me donna l'impression que j'attendais depuis une éternité, aussi je fus ravie de voir que d'autres patients arrivaient après moi, obligée qu'elle serait alors de me recevoir.
J'aurais mieux fait d'aller aux urgences ou d'appeler le SAMU.
À mon tour.
Que le lynchage commence.
Pourtant, l'odeur bizarre qui régnait dans son cabinet aurait dû me faire rebrousser chemin tant elle avait l'air fâchée avec l'hygiène corporelle.
Je n'avais pas accepté que ma mère m'accompagne pour éviter qu'elle ne se sente insultée ou blessée à son tour.
J'entrai en silence et l'observai.
Pas de bonjour et bizarrement pas de sourire non plus, elle fit mine d'être occupée à écrire comme si je n'existais pas.
Je compris très vite qu'elle refusait de me toucher puisqu'elle me demanda de tirer la langue depuis ma chaise, séparées toutes les deux que nous étions par son immense bureau.
Que pouvait-elle voir à cette distance ?
À moins d'avoir des yeux bioniques ! Que dalle.
La suite allait devenir des plus intéressantes car j'avais l'impression de venir consulter pour un certificat médical pour la pratique d'un sport.
Elle m'ordonna de faire dix flexions-extensions.
Rappelons que j'avais du mal à tenir sur mes deux jambes.
Elle m'interrompit à la cinquième flexion en laissant volontairement échapper un rictus de dégoût.
Les craquements de mes genoux étaient inaudibles à son oreille, elle leva un sourcil en me regardant de travers.

Qu'allait-elle me sortir à présent qu'elle aurait appris à la fac de médecine ?
Elle gribouilla encore quelques lignes illisibles et lâcha subitement son stylo.
Elle me demanda si je fréquentais.
Je n'ai pas compris sa question.
– Pardon, qu'est-ce que ça veut dire ?
Et plutôt que de me demander avec délicatesse comme elle devait certainement le faire avec les autres jeunes filles, elle me demanda si je couchais.
Violent pour la jeune fille innocente que j'étais encore.
Je lui répondis poliment que je n'avais pas de petit copain et que je n'avais jamais eu de rapport sexuel.
Pour lui faire comprendre aussi que cette formulation aurait été plus adéquate par rapport à mon jeune âge.
Elle fronça les sourcils. Visiblement, il aurait été plus facile pour elle que je réponde par l'affirmative, sûrement pour le diagnostic qu'elle allait m'indiquer.
Elle réfléchit...
J'ai presque envie de dire que bon OK, d'accord, et après ?
Je lui dis alors que ma nièce était elle aussi malade en ce moment, mais qu'elle était beaucoup moins affaiblie que moi, et qu'elle venait de me dire qu'elle avait contracté une hépatite A.

Je continuai en précisant qu'il y a plusieurs jours, au cours d'une visite chez mes parents, elle m'a demandé si elle pouvait boire dans ma canette. Je buvais à ce moment-là un Fanta et je lui ai dit qu'effectivement elle pouvait le faire et que je venais juste de l'ouvrir, mais par la suite j'ai bu après elle.
Je lui demandai alors si c'était transmissible par la salive.
Elle me répondit par l'affirmative.

Je n'avais pas fait d'études de médecine, mais je compris instantanément que je venais de lui apporter mon propre diagnostic, le bon cette fois-ci.
Elle eut un court instant comme l'air à demi gênée pour son plantage royal à propos de la gastro-entérite qu'elle m'avait diagnostiquée quelques jours auparavant.
Elle me déclara que j'allais en baver, et que je pouvais oublier tous mes projets pour ces prochains jours, car la fatigue allait devenir de plus en plus conséquente.

J'allais peut-être gagner une bonne image pour cette information, en guise de remerciement pour l'avoir mise sur le bon chemin.
Enfin ce fut mon impression à cet instant.
J'aurais dû prendre le temps de savourer ces quelques secondes car la suite fut une cascade de missiles ou de Scuds, appelez cela comme vous le voulez, je ne sais pas, mais le but restait délibérément le même : celui de me bousiller définitivement le moral ! Franchement, je n'imaginais pas qu'une toubib puisse être aussi minable face à la toute jeune fille que j'étais, précisément sans défense, car très mal en point.
On apprend chaque jour de la vie, oui, je suis une éternelle apprentie de la vie en ce qui me concerne, sur différents domaines, et ce depuis mon plus jeune âge.
Alors, là précisément à cet instant, il faut sans doute que vous marquiez une pause dans la lecture et que vous alliez boire un verre d'eau ou prendre une bouffée d'oxygène, histoire de se rafraîchir quelque peu les neurones avant d'attaquer le récit de Cruella.

Ça y est, comme moi vous avez fait la préparation psychologique que j'ai effectuée ce jour-là sur le chemin de mon destin. Je n'imaginais pas qu'une telle chose puisse arriver, pourtant je vous le garantis, sur

la magnifique plaque dorée apposée à l'extérieur, il était bien gravé « médecin » et non « médium ».
Allons-y à présent.
Tel un jugement lorsque l'on a commis un crime, ce n'est pas bien... il ne faut pas tomber malade.
Elle s'était redressée de son confortable siège en cuir comme si elle voulait que les mots qu'elle allait prononcer prennent cette fameuse hauteur pour être bien sûre qu'ils me claquent en pleine face.
Elle serra les mains fort, je n'aurais pas aimé être entre celles-ci, elle me les aurait broyées au premier contact.
Je pensais qu'elle avait assez fait durer cet enfer, mais je compris à sa mine ultra-antipathique que la perversion avait été créée pour elle.
Elle espérait que son silence m'achève, je me dis : « Allez, crache ton venin maintenant. »
Le verdict tombe, je suis jugée coupable.
Coupable de n'être que moi, coupable d'être malade, coupable d'avoir franchi cette satanée porte, son regard maléfique aurait pourtant dû me faire fuir.
Je n'amplifie absolument rien, mais comme j'aurais aimé...

Tenez-vous prêt ! Le diable va parler :
– Bon... c'est simple, les craquements que vous avez dans les genoux sont le signe que vous serez bourrée d'arthrose avant même vos trente ans, donc si vous vouliez attaquer une carrière sportive, oubliez ça tout de suite, ça va être très douloureux et à chaque temps pluvieux, vous allez souffrir de toutes vos articulations et très fort des jambes.
Première partie.
Ça, c'est fait !
J'aurais bien aimé voir ma tête à l'énoncé de son récit, une description fort emballante et un avenir prometteur, surtout à mon si jeune âge.
Effectivement, j'avais une allure sportive, donc elle savait qu'elle appuyait précisément là où ça fait mal.

Phase deux :
– L'hépatite A que vous avez contractée auprès de votre nièce va vraiment vous mettre à plat et de manière bien plus conséquente qu'elle, car comme elle est plus jeune que vous, ses symptômes sont bien moins virulents. Vous allez être très courbaturée, vos yeux vont devenir encore plus jaunes et vous allez dormir entre vingt et vingt-deux heures par jour, vous n'aurez plus aucun appétit, sans parler des nausées et céphalées…
Étape de destruction psychologique numéro trois :
– À partir de maintenant, votre santé va être très fragilisée ! Un rien pourra vous affaiblir sérieusement, vous serez sujette à de fréquents malaises, vous ne supporterez plus le froid (problème pour moi puisque je travaillais sur les marchés le week-end), vous serez sujette à l'anémie (sans me dire ce que cela signifiait bien évidemment), vous perdrez en masse musculaire que vous n'arriverez pas à récupérer et vous serez aussi affectée régulièrement de violentes migraines.
Normalement ça s'arrête à « jamais deux sans trois », non ?
J'aurais dû dire : « Stop ! Je ne veux pas entendre la suite ! »

Mais le respect de l'âge sans doute a fait que je ne l'interrompis pas, sûrement trop bien élevée pour elle. De son côté, elle avait dû sauter un sacré chapitre à propos de l'éducation qu'elle n'a peut-être même pas reçue.
Là, j'espère que vous êtes bien assis.
Parce que moi, j'aurais dû tomber de ma chaise après ce qui allait venir.
– Les conséquences de cette hépatite sont graves, car votre foie va être grillé à plus de trente pour cent et cela peut être pire et s'aggraver subitement, donc que vous buviez ou non de l'alcool plus tard et bien vous allez mourir jeune d'une cirrhose du foie !

Puis elle termine aussitôt en m'annonçant le montant de la consultation, ça fait tant !
Prête à me dégager, assommée par la gravité de l'énoncé, elle devait à présent avoir hâte de me jeter comme une malpropre hors de son cabinet.
Fallait-il que je lui dise merci ?
À mon tour de faire durer la comédie.
Malgré mon état de faiblesse et ma volonté d'échapper à sa puanteur, il fallait que je règle mes comptes et solde définitivement cette addition bien trop salée pour moi.
Je voulais pourtant m'en aller de là. J'espérai au moins qu'elle avait pris son pied après m'avoir fait subir cette séance d'humiliation et de torture psychique – bien qu'il soit inscrit « frigide » dans ses yeux –, j'estimai que cela avait assez duré, il fallait à mon tour que je vide mon sac, enfin j'avais décidé de me l'autoriser.
Vous aurez pu le constater, à aucun moment je ne l'ai interrompue, courtoise, je l'observai et l'écoutai attentivement.
Au fond de moi, je me disais : n'oublie jamais ça.
La comédie a assez duré, vous ne croyez pas ?
Je pris tout mon temps et à mon tour je me redressai, simulant au ralenti l'ouverture de mon sac (à dos à l'époque) pour lui régler les trois francs cinquante qu'elle me réclamait et qui lui avaient donné le droit de me faire gagner le jackpot à sa manière.
Elle suivit d'abord du regard mes mains, comme lorsque je tends de la nourriture à mon chien et qu'il en bave, puis lorsque je m'arrêtai elle fut forcée de me regarder dans les yeux.
Je lui dis alors...
Enfin, je démarrai plutôt l'interrogatoire, car personnellement je l'avais reconnue coupable et entièrement responsable de ses agissements.
– Madame (et non docteur)...

Je pris mon inspiration, bizarrement je ne me sentais plus affaiblie, sa méchanceté avait déclenché en moi une force qui venait de je ne sais où.
– Madame, vous n'avez pas honte (bien sûr, je ne la laissai pas me répondre) de vous adresser à une si jeune fille de cette manière ? Vous avez quoi, vingt-cinq ans de plus que moi ? Je ne savais pas que ça tirait à balles réelles ici ? C'est sûrement ça l'odeur bizarre quand on rentre chez vous. Combien de cadavres avez-vous dans vos tiroirs ? Vous m'avez dit que j'allais mourir ? Nous allons tous mourir un jour, Madame, vous le savez, ça ? J'espère qu'à partir d'aujourd'hui au travers du regard de chaque enfant qui s'assiéra sur cette chaise en face de vous, vous verrez le mien. Je vous promets que vous ne m'oublierez pas, car oui, je ne suis qu'une enfant. Je démarre à peine ma vie. J'ai testé votre sens du tact et votre esprit machiavélique, maintenant je sais à quoi il ressemble. Je vous souhaite qu'un jour une personne vous réserve le même sort que vous m'avez réservé.
Je posai mon dû sur son immense bureau et terminai ainsi :
– Au plaisir de ne plus *jamais* vous revoir, et ne vous dérangez surtout pas, je vais ouvrir la porte moi-même, au cas où un malaise cardiaque viendrait vous cueillir avant moi.

Fin de l'histoire.

…

J'ai appris une vingtaine d'années plus tard que cette femme n'était plus.

La mort

On aimerait bien que la Faucheuse nous oublie parfois.
J'aime tellement la vie, mais s'il est bien une chose qui n'arrive qu'une seule fois au cours d'une vie, c'est bien cela.
Pouvoir dire : « Non merci, je passe mon tour. »
Mais non, elle est fidèle, s'approche de chacun d'entre nous et décide à son bon vouloir d'afficher le mot fin.
Sur notre corps. Fin de l'histoire.
Pas de deuxième chance possible.
Je crois que le fait de l'avoir côtoyée de trop près dès mon jeune âge fait que je n'accorde jamais de deuxième chance, car une fois que c'est fini, c'est fini.
Il n'y a aucune discussion ni négociation possible.
Avez-vous déjà vu un cadavre se relever après s'être pris un coup de poignard ?
Juste après que l'auteur lui a formulé ses excuses bidon ?
Évidemment non. Il faut réfléchir avant d'agir.
Ce qui est fait est fait.
La mémoire est présente aussi pour cela. Obligation nous est faite de ne surtout jamais oublier, enfin pour moi c'est comme ça que cela se passe, et ça me convient parfaitement bien, puisque ainsi je suis en accord avec moi-même.

Je me souviens qu'une soi-disant amie de quinze ans mon aînée était venue un jour courageusement au restaurant, avec son mari pour qu'il puisse la soutenir – chose qu'il n'a pas faite du tout pour ne pas se retrouver mêlé à une histoire montée de toutes pièces par sa femme. Lui, avec qui bien évidemment là encore, je n'avais absolument aucun souci, avait eu l'intelligence d'aller dès son arrivée, rejoindre mon époux en cuisine.
Elle, en revanche, était venue avec l'intention que je lui pardonne.
Chose que je ne sais pas faire.
Peste qu'elle était, elle m'avait tendu un piège qui, en fait par ma naïveté, avait bien failli me coûter la vie.
Je travaillais à l'époque dans un restaurant dans le XVIe arrondissement de Paris. Elle m'avait dit de passer la voir juste pour boire un verre et discuter un peu pendant ma coupure.
J'enfourchai alors ma moto, une magnifique Cagiva Planet aux couleurs ensoleillées, après le service du déjeuner, tout à fait sereine, ne m'attendant absolument pas au coup tordu qu'elle m'avait préparé.
J'étais insouciante, car il n'est pas dans ma nature d'aller chercher des poux dans la tête des autres, visiblement elle devait plutôt être une adepte de cette pratique.
J'arrivais dans la brasserie parisienne qu'elle tenait avec son mari, le reste du personnel venait gentiment me dire bonjour et j'échangeai avec chacun quelques mots sympathiques.
Elle paraissait parfaitement naturelle, c'est fou comme certaines personnes savent à ce point tricher.
Pour ma part, naïve, je ne vis rien de ce cinéma qu'elle était en train de me dérouler « tranquillou ».
Elle me parlait de différentes choses, comme d'habitude lorsque je venais avec Jérôme, car avant tout, ils étaient des connaissances (je ne peux pas dire amis) de ce dernier.

Si l'ami de tout le monde est l'ami de personne...
Je bus mon diabolo grenadine, puis le temps passant si vite, je lui fis savoir qu'il était temps que je rentre chez moi pour prendre une douche, changer de véhicule avant de rembaucher pour le service du dîner.
J'habitais à Clichy et la brasserie se trouvait dans le XXe arrondissement de Paris.
Je saluai un à un les membres de l'équipe avant de partir, et m'apprêtai à enfiler mon casque lorsqu'elle s'approcha de moi en disant :
– Tu n'es pas au courant ?
Vous avez remarqué tous ceux qui prononcent ces six petits mots vous annoncent toujours quelque chose de grave derrière.
Ce à quoi nous répondons tous : « Au courant de quoi ? »
Elle prit alors un air sérieux pour m'annoncer quelque chose de très douloureux. Que, pardon, mais malheureusement, je ne peux écrire.
Puis elle me dit : « Rentre bien. »
Puis, comme si de rien n'était, elle repartit tranquillement dans sa brasserie.
Championne du monde de la fourberie.
Après un tel coup de massue, je ne me souviens plus si j'ai remis mon casque avant de démarrer.
J'étais comme droguée, ou peut-être l'étais-je vraiment ? À mon insu.
Les larmes me gênaient pour bien voir la route.
Sur ce trajet, j'aurais dû mourir dix fois. J'étais dans un tel état de choc que je ne me souviens même pas du parcours emprunté pour arriver jusque chez moi.
J'étais en mode robot.
Je ne me rendais plus compte de rien.
Une fois sous la douche, je n'arrivai toujours pas à réaliser ce que je venais d'entendre, me changeai, puis tel un automate je pris ma voiture pour me rendre au travail.
Je n'avais pas le temps de me lamenter sur mon sort.

Au passage, le soir, j'adorais prendre ma très jolie 205 CTI gris foncé qui avait un rapport poids/puissance incroyable et en ces belles soirées printanières, je savourais le fait de rouler les cheveux au vent.
À vrai dire ce soir-là, je ne me souviens absolument pas si je me suis rendue au travail en mode cabriolet ou capotée.
En tout cas mon cerveau, lui, avait bien capoté.
J'avais buggé !
Alors que j'arrivais au restaurant encore une fois complètement hagarde, mon patron vit tout de suite que quelque chose ne tournait pas rond.
En traversant la route, je faillis me faire renverser.
Il me vit stationner ma voiture – un modèle qu'il aimait beaucoup car il avait eu la même étant jeune. (Je me souviens que la première fois qu'il la vit, il s'invita directement avec un large sourire en me disant : « Tu as ça, toi ? » Puis il m'expliqua qu'il avait adoré cette voiture, il me raconta quelques anecdotes, ainsi confortablement installé sur le siège passager qu'il venait de squatter.)
Il est vrai que je risquais d'être en retard au travail, mais en même temps, c'était lui le patron.
Je reviendrai peut-être plus tard sur cet établissement qui m'a tellement apporté sur le plan professionnel.
J'ai adoré les rapports apaisés que j'avais avec le patron Albert C. et Thierry M. son bras droit, nous formions un bon trio.
Revenons à ce jour et à mon arrivée si particulière.
Il me prit délicatement par le bras et inquiet me demanda :
– Malika, qu'est-ce qu'il se passe, qu'est-ce qu'il t'arrive ?
Il avait l'habitude de tutoyer tout le personnel et beaucoup de clients aussi.
J'ai apprécié le fait d'avoir eu de bons rapports et surtout des rapports de confiance avec mes précédents patrons et maîtres d'hôtel.

Il m'invita immédiatement dans son bureau, me proposa de m'asseoir et lui s'assit sur un coin du bureau.
Il me dit tout de suite :
– Tu n'aurais pas dû conduire. Dis-moi ce qu'il se passe.
J'entamai un récit très personnel.
Il me proposa de rentrer chez moi, et je le rassurai en lui disant que bien au contraire l'esprit occupé par le travail m'aiderait davantage.
Pour aider à la digestion, je trouve qu'il s'agit là d'un bon remède.
Très gentiment, il me dit que si toutefois il pouvait m'aider de quelque manière que ce soit, il serait là et il m'encouragea pour faire face à la situation.
J'ai adoré travailler avec Albert car il était toujours cash, son franc-parler me plaisait beaucoup, pas de détours, ce qui ne plaisait pas au reste du personnel.
Mais moi, ça me convenait parfaitement, et cela convenait sûrement aussi à son bras droit, le très professionnel Thierry.
Ils formaient un super binôme à mes yeux, j'ai adoré cette période.
J'ai tellement appris auprès d'eux et j'appréciais ma complicité avec ces deux piliers, parce qu'avec le reste de l'équipe ce n'était pas la même histoire, c'était plutôt la guerre.
De vrais tire-au-flanc, profitant de l'absence du boss pour faire leurs coups tordus, j'ai vraiment horreur de ça.
Donc quitte même à perdre ma place, je n'ai jamais laissé faire où que ce soit en ma présence ce que j'exècre le plus.
Je n'ai jamais laissé personne me rendre complice de leurs vols, leurs sabotages, leurs magouilles, etc.
Seule contre tous, mais ce n'est pas grave, car on trouve la médiocrité à tous les échelons dans le milieu professionnel.

On m'a souvent demandé partout où j'ai travaillé, si j'avais un lien de parenté avec le patron tellement je ne laissais rien passer sous mes yeux. Pour ce qui est de ce genre d'interrogations, j'en ai eu un certain nombre qui m'a également demandé si c'était chez moi.

Lorsque quelqu'un vous accorde sa confiance, il me semble que c'est le minimum.

Je détestais les entendre geindre et toujours se plaindre dans le dos du patron, et je m'occupais aussitôt de régler cela à chaque fois au moment même, et ce bien que je sois la dernière arrivée dans le staff.

Alors, cette propriétaire de la fameuse brasserie parisienne osa un soir venir avec son mari à *La Barrière* pensant que j'avais passé l'éponge sur son mensonge, les mois étant passés...

Une phrase qui est vraie encore, en *bis repetita* : « Les cons, ça ose tout, et c'est d'ailleurs à cela qu'on les reconnaît. »

Je la laissai pénétrer dans l'établissement car j'appréciais bien son mari (qui malheureusement n'est plus aujourd'hui).

Elle s'approcha de moi, pensant que j'allais la saluer, mais elle comprit à mon regard que c'était inutile, à mes yeux elle était devenue transparente.

Pour moi, elle n'existait déjà plus.

Elle tenta de m'approcher avec des mots d'une fausse douceur et rougit.

J'avais donc devant moi cette tomate qui implorait mon pardon.

Je refusai alors ses excuses. Catégoriquement.

Je ne sais pour quelle raison elle pensait m'attendrir et je vis à ses yeux qu'elle pensait vraiment que la partie n'était pas encore perdue et qu'elle caressait l'espoir que les choses redeviennent comme avant.

Ce pot de colle ne voulant pas me lâcher, je fis une chose que je ne fais habituellement pas au travail.

Elle se mit à genoux et juste à cet instant, Jérôme et son époux rentraient dans la salle en revenant de la cuisine, j'étais donc de dos et ne les avais pas dans mon champ de vision.
Elle fit mine de pleurer en me disant qu'elle ne comprenait pas elle-même pourquoi elle m'avait fait ça.
Elle me dit qu'elle regrettait et que je lui manquais.
De nouveau, elle me présenta ses excuses à genoux cette fois-ci.
Il fallait donc que je sois claire une bonne fois pour toutes, car auparavant, je n'avais répondu à aucun de ses appels, ni messages.
Je lui dis alors que je préfèrerais être emprisonnée pour non-assistance à personne en danger et qu'en aucun cas je n'appellerais les secours, si un jour il lui arrivait quelque chose sous mes yeux. Le message était limpide.
À ce moment, nos époux respectifs s'approchaient timidement, mais surtout très gênés de nous voir ainsi, conscients que ce n'était peut-être pas le bon moment.
Je me rappelle le regard de cet homme qui, bien que ce soit sa femme, s'était rangé de mon côté, et le regard de Jérôme qui respectait ma décision.
Qu'auriez-vous fait à sa place ?
Moi, je serais partie aussitôt.
Mais les gens qui n'ont pas d'amour-propre ne fonctionnent pas de la même manière.
Alors, je partis vaquer à mes occupations à l'office et, à mon retour, je les vis tous les trois installés à une table dans un coin au fond du restaurant.
Évidemment, je ne les servis pas et les autres clients sont arrivés.
Avant qu'elle ne quitte définitivement mon champ de vision, je pensai : « Tu auras toute la vie pour te rappeler ce que tu m'as fait. »
Vous aurez remarqué que je ne révèle pas leurs identités, à mes « vrais » amis, ceux qui sont là pour

essayer de me détruire, pour la simple et bonne raison que ça serait leur faire trop d'honneur.
Mais s'ils peuvent un jour lire ce livre, ils se reconnaîtront instantanément.
J'aimerais alors être une toute petite souris, rien que pour observer leur réaction, puis leur regard face au miroir.

La vie règle ses comptes, et vous savez désormais que l'idée d'une vengeance ne m'a fort heureusement jamais effleuré l'esprit.
Ce n'est pas pour autant que le concept de tendre la deuxième joue me convienne, non, au contraire.
Une fois me suffit, aussi je ne tolère pas la possibilité de me blesser une seconde fois.
J'assume et ne regrette aucunement ce trait de caractère car c'est ainsi que j'ai pu m'épargner bien des situations médiocres.
J'observe tout autour de moi les mésaventures à répétition qu'on a le bon goût de me confier, aussi je laisse le soin à chacun de cultiver sa nature et d'éprouver sa capacité de résistance à la perversion.

La vie et ses belles rencontres…

La parole

« La parole vaut l'homme, sinon l'homme ne vaut rien. »
Celle-là, elle est encadrée dans mon champ de vision d'un ruban ultra-doré et scintillant.
Observons le cinéma des plus intelligents et sachants qui confondent la gentillesse et l'idiotie.
C'est drôle de voir combien les masques tombent et se révèlent à vous lorsque vous laissez à penser que vous êtes une écervelée.
Une personne normalement constituée et parfaitement équilibrée dans son couple, son foyer ou son travail devrait tenter de vous protéger.
Enfin, c'est ce qu'il me semble être le plus correct.
Eh bien, là encore, laissons se dérouler le film de la vie pour voir quel cas pathétique repartira avec la médaille.
En chocolat, bien sûr !
Et si c'est drôle, laissons ricaner.
Rira, rira bien qui rira le dernier.
Parfois les gens peuvent être source de motivation, mais de déception aussi.

Au palmarès voici :
Sur la troisième place du podium, la bien nommée : Minable.

Sur la seconde marche, on y trouve : Jalousie.
And the winner is[20] : Médiocrité.
Oh… comme c'est bizarre ce podium.

« Ne pas reporter au lendemain, savourer au jour le jour – force est de constater que ce qui est bon aujourd'hui peut ne plus l'être demain. »

[20] *And the winner is* : « et le gagnant est ».

La chanson

C'est à Bois-Colombes, alors que j'étais étudiante, que mon prof de maths eut l'idée d'inscrire le lycée pour un concours de chant organisé par le Rotary Club dans le magnifique théâtre d'Asnières-sur-Seine, pour le programme district Île-de-France Ouest.
Chacun avait sa chance, l'inscription était libre, il suffisait juste d'apposer son nom et son prénom sur une liste affichée au tableau d'information avec le choix de la chanson pour être ensuite auditionné.
La date du début des auditions était clairement affichée et les places étaient chères puisqu'à l'issue de toutes ces auditions deux personnes de ce lycée seraient retenues. Le concours étant organisé pour tous les collèges et lycées d'Asnières et de Bois-Colombes.

J'ai gardé ce joli fascicule de présentation de ce concours de chant de ce 7 avril où nos visages et noms indiquaient la chanson que nous allions défendre. Une soirée fabuleuse.
Nous n'étions que neuf sélectionnés à l'issue de toutes ces auditions.
Magique, vraiment magique.
Je ne trouvais pas forcément que je chantais bien, mais ma copine de l'époque me l'avait suggéré et j'y participai.

C'est alors que je décidai d'apposer mon nom dans la liste sans aucune conviction, mais j'étais curieuse de savoir et de vivre le déroulement des auditions.
Le choix de la chanson que j'avais décidé d'interpréter était quant à lui très clair, il s'agissait de *L'Instant d'amour* de Francis Cabrel.
Au fil des semaines, la liste des étudiants encore en course s'amenuisait et j'avoue que j'étais assez surprise de voir que j'étais encore dans la compétition.
Au terme de la sixième semaine décisive qui déterminerait le choix ultime des deux personnes qui représenteraient les couleurs de notre école, Monsieur Jumeau, ce fameux prof de maths à l'initiative de cette belle aventure, avait réussi à convaincre sans aucune difficulté le proviseur, Monsieur Chabert, de l'organisation de la demi-finale au sein du lycée même.
Parmi les candidats sélectionnés se trouvaient une jeune fille, qui avait choisi la chanson *Jamais nous* d'Elsa, et moi-même pour le clou du spectacle ; mais nous ne le savions pas encore.
Il avait eu l'intelligence d'organiser un après-midi de prégala pour remercier tous les participants au concours. Ce fut une très belle initiative qui a été entièrement saluée par la totalité des enseignants ainsi que tous les élèves, ce qui avait suscité encore plus d'intérêt quant aux deux finalistes non dévoilés, alors.
Un jury composé de six personnes avait été constitué pour l'occasion et à l'issue de chacune de nos prestations, je remportai (tout comme Laëtitia) ce concours, et fus ainsi nommée candidate pour représenter notre établissement.
Quelle bonne surprise cela a été à l'annonce de mon nom ! Mes groupies avaient enflammé le préau réorganisé en salle de spectacle pour l'occasion.
C'était superbe, pour moi c'était déjà une belle victoire car à aucun moment je n'avais pris cette aventure au

sérieux, je voulais juste la vivre et cela me suffisait déjà amplement.
La soirée était bien organisée avec un entracte comme pour les pros, laissant le temps à chacun de pouvoir se réunir à la buvette pour partager ses craintes et ses angoisses, entouré de ses proches et de ses fans.
Le concours reprit, puis vint mon tour, où j'ai savouré le fait d'interpréter sur scène ce chanteur que j'admirais à l'époque.
La première place fut remportée par (les plus jeunes de tout le concours) un quatuor avec la chanson *Da dou ron ron,* et mon nom fut prononcé pour la quatrième place, ce qui avait beaucoup déçu mes proches, surtout du fait des lots à remporter pour les trois premières marches du podium.
Mais moi, franchement, j'étais vraiment ravie d'avoir pu participer à une telle soirée, c'était ça mon cadeau !
De magnifiques cadeaux trônaient sur scène pendant tout le concours à la façon « Jacques Martin et son école des fans » pour la motivation de chacun.
Ordinateur, appareil photo, vélo, séries de livres, jeux éducatifs, bons-cadeaux, abonnements cinéma et BD... à cela s'ajoutait un chèque pour les trois premières places.
Les sponsors avaient été très généreux.
Excellente soirée jusqu'à...
... ce qu'à la sortie nous nous fassions surprendre par un chef de bande de la mouvance skinhead bien plus âgé que nous, lequel avec un large sourire, nous indiqua ce qui nous attendait aux pieds des escaliers.
Nous avons détalé comme des lapins, je pense que c'était la première fois que je courais aussi vite. S'il avait été question d'un concours d'athlétisme, ce soir-là je pense que j'aurais fini sur une des places du podium.
Heureusement pour nous, une cascade lumineuse azurée nous a sauvé la mise et a mis fin à cette chasse à l'homme.

La conscience

Je ne sais pas si cela est le cas pour vous ou non, mais pour ma part j'éprouve aujourd'hui un sentiment étrange lorsque je regarde des images ou des photos de groupe.
Je suis sûre qu'il vous arrive d'avoir la même sensation et que vous vous surprenez à vous demander à quel moment cette photo a été prise ou bien quand cette vidéo a été tournée ?
Ce temps de l'insouciance de la proximité est-il vraiment révolu ?
Avons-nous eu conscience, à sa juste valeur, de l'importance de cette liberté ?

Moi qui suis une fille plutôt tactile et proche des personnes qui savent entrer dans mon cœur, je sais par avance combien cela va m'être difficile.
Cette distance physique, l'éloignement, les expressions de notre visage à demi effacées.
Beaucoup tentent de faire comme si tout cela n'allait poser aucun problème, comme si c'était désormais la norme.
Pour ma part, je m'y plierai par obligation, mais sûrement pas de gaieté de cœur.
Il y a aussi quelque chose qui me gêne énormément et profondément, c'est le fait de devoir anticiper

longtemps à l'avance pour effectuer des achats alimentaires, je n'y arrive pas.
Pardon, mais là, vraiment plus que tout, cela me renvoie en plus immédiatement à des souvenirs sombres de notre histoire commune.
Des images beaucoup trop étranges pour que je réussisse à me plier à cette nouvelle règle.
M'y refusant catégoriquement, je m'organise donc différemment et privilégie davantage les commerces de proximité.

La crise sanitaire laissera ses traces dans nos esprits pour longtemps.
La vie a changé.
Prise de conscience que je n'accepte pas d'un temps révolu.
La carte postale d'un monde nouveau encore plus inhumain, automatisé et robotisé, n'aura aucun attrait à mes yeux.
Rêveuse oui, certainement, mais avec les pieds sur terre.
Serais-je une femme long cou ?

Il est vrai que la difficulté à bien se comprendre, à travers ce masque qui nous gêne tous, m'empêche de respirer normalement, et accentuera peut-être mon souffle au cœur, m'usant davantage. Au-delà de ce constat évident, ceci risque de nous refermer davantage sur nous-mêmes, bien que les efforts déployés en commun et au quotidien soient déterminants pour l'avenir de tous.

Une bonne dose de prudence s'impose à nous pour éviter la résurgence d'une nouvelle vague, d'autant que la mise entre parenthèses à répétition de l'appareil productif va tous nous accabler.
Il est probable que cette situation inédite obère les espoirs et capacités de redémarrage économique au niveau international.

Tyson

Un soir, après une semaine bien remplie car très intense, aux environs d'une heure du matin, il m'est venu une idée à propos de Tyson, car il est vrai que son caractère bien trempé ne laisse pas indifférent et que sa personnalité mérite au moins cela.
C'était un vendredi soir, étant de repos le lendemain, je n'avais par conséquent aucune obligation de me coucher et je me suis laissé prendre d'une traite à l'écriture de ce texte que j'ai posté sur les réseaux sociaux, avant-hier dirons-nous, afin que la clientèle puissc faire plus ample connaissance avec Monseigneur.

... « Qui aime les bêtes aime les gens », c'est dans cet état d'esprit que j'ai vu le jour au sein de l'élevage familial de bulldogs anglais LOF[21] Les Bulls du Grand Nocq situé dans le nord de la France, plus précisément dans le Pas-de-Calais à Allouagne.
Je suis né le 23 juin 2010, de ce fait, cette année étant l'année des « F » pour les prénoms canins, les enfants auprès desquels j'ai grandi m'avaient nommé Funny-Boy, dit Chewbacca. L'amour que j'ai reçu depuis mon plus jeune âge n'a fait qu'amplifier mon affection envers les âmes innocentes !! Issu d'une

---

[21] LOF : Livre des Origines Français.

fratrie de neuf chiots, j'ai déménagé à l'âge de trois mois et demi, période nécessaire pour me sevrer de l'attachement maternel.
Impatiemment attendu par ma nouvelle famille, endeuillée par la perte de leur bulldog anglais, le tant aimé Pétrus, à l'âge de onze ans.

Voilà que je découvre une nouvelle famille aimante, et… plein de gens…
L'endroit idéal, « un restaurant », moi qui adore le contact, j'étais aux anges !!
À l'âge d'un an, j'ai été classé « très bon » à la Nationale d'élevage 2011, dans la catégorie Mâles Classe Jeune, et mon éleveur est qualifié par la Société centrale canine.
Mon père se nomme Dactarus de la Vallée enchantée d'Orion et ma mère s'appelle Daphnée du Jardin des Bulls.
Je suis issu d'une belle lignée, mon arrière-grand-père étant le célèbre Vulcain de Mammelocker Losh.
Après quoi, certaines personnes m'appellent Tony-Boy comme la marque de vêtements pour enfants.
(Tony-Boy… ce qui est drôle car c'est exactement cette enseigne que ma maman Malika avait choisie il y a plusieurs années pour sa création d'entreprise, dossier validé et qui sert encore à ce jour de modèle, m'a-t-on dit, à Courbevoie dans l'établissement où elle a décroché le diplôme visé.)
Jérôme décida de m'appeler… Tyson… Il paraît que ce nom me va bien, et qu'il s'accorde avec mon physique.
Pile dans le mille, puisque j'aime mordiller les oreilles au troisième round à l'abri des regards (comme l'a fait Mike Tyson à Evander Holyfield.)
Épicurien dans l'âme, j'avoue mon penchant pour la gent féminine, éternel séducteur que je suis.
Au quotidien, j'apprécie d'être couvert d'affection par Jérôme et Malika, tous les clients et intervenants de l'établissement que je respecte à juste titre.

Je suis mélomane et le manifeste lorsqu'une musique ne me plaît pas avec une sonorité trop aiguë. Aussi, j'aime l'ordre, et c'est pourquoi j'aboie lorsqu'un scooter se gare juste devant les vitres du restaurant, gênant ainsi ma visibilité.
Je n'apprécie pas trop que les gens parlent fort au téléphone, ni le « signal d'alerte » répété de Messenger.
À part cela, je ne suis pas gênant et pense être relativement cool, avec cependant comme vous l'aurez compris à la lecture de ma description « du caractère »...
Certains diront : « Tel père, tel fils... »
À cela, j'ajouterai que l'Amour est le moteur de ma vie !!
J'éprouve un Amour puissant et illimité envers Malika, que parfois mon regard trahit.
Le regard n'étant tout autre que le reflet de l'âme...
J'assume et je savoure chaque jour passé auprès de vous tous à *La Barrière de Clichy,* à Clichy, ma ville d'adoption où je me sentis bien dès le premier jour.

Tyson

Épilogue

Quel plaisir d'avoir pu écrire !
Cet échantillon de ma courte existence m'a procuré beaucoup de belles sensations tellement elles se sont enchaînées si naturellement à l'écriture de celles-ci.
Ce fut pour ma part captivant et très intéressant à vivre, je me découvre encore sous un autre angle.
Cette période m'a permis de jauger une fois de plus ma capacité d'adaptation face à une situation totalement inédite, de me permettre de savourer le fait de se recentrer sur soi et de n'éprouver aucun manque quant à ma vie d'avant.
Une leçon qui m'en a appris encore un peu plus sur moi.

La permission de pouvoir échapper à une dure réalité bien entamée, et à laquelle il faudra bien sûr encore faire face du mieux possible, m'a fait beaucoup de bien.
L'obligation de retenue sera davantage effective sur bien des comportements à venir et déclinables à souhait.
Ces micro-bribes de vie, ce petit feuilleton de scènes, ce minuscule parcours précédemment cité m'ont tellement apporté sur le plan humain.

Certaines m'ont fait serrer les dents et les abdos et d'autres m'ont beaucoup fait rire.
J'espère que pour vous la lecture fut agréable, car pour moi ce fut un pur bonheur. Maintenant que j'ai croqué dans la pomme, cette douce saveur sucrée m'a bel et bien donné l'envie de réitérer, je me délecte de la présence de cette sensation.

Peut-être au prochain confinement vers la fin octobre 2020 ?...

J'ai déjà le titre en tête et beaucoup d'histoires se bousculent dans mon esprit, désireuses d'être exposées à d'autres afin de justement... sortir de ce confinement intellectuel.
Confinement si bien vécu qui pour moi concrètement s'est traduit de cette manière bien précise pour ces sept semaines :

- 1/ Semaine 1 : une semaine pour la peinture complète et le nettoyage intégral de la cuisine du restaurant en vue d'une longue fermeture administrative imposée.
- 2/ Semaines 2 et 3 : deux semaines pour le grand nettoyage de printemps de mon domicile profitant de l'absence de limite de temps pour faire ce rangement et ce tri qui font du bien.
- 3/ Semaines 4 à 7 : quatre semaines pour l'écriture avec grand plaisir de ce livre que j'ai démarré le 04/04/20 et achevé le 05/05/20, mais aussi en parallèle, ces mêmes semaines m'ont permis avec plaisir de me lancer dans la réalisation de nombreux plats et desserts.

J'ai adoré la relecture de celui-ci, la mécanique spontanée de la construction de ce tout premier livre.
Je ne veux rien jeter de ces souvenirs qui construisent chacun d'entre nous et je savoure le fait d'avoir eu

la chance de capter les ondes positives qui viennent partager ma vie au quotidien.

Par ailleurs, et pour ne parler que de sujets agréables, s'il vous reste un petit peu de temps et d'intérêt à mon endroit, j'aimerais partager avec vous une histoire vraiment intense qui, je suis sûre, va vous intéresser !

Pour replacer la situation en décrivant dans un premier temps l'endroit où cela s'est produit, commençons par citer les personnes qui ont eu l'occasion d'assister à cette scène de vie incroyable et peu commune qui les laissera marquées pour toujours.

Alors... nous étions...

Ah, eh bien non, c'est vrai, il faudra patienter un petit peu pour la découverte de ce nouveau récit, car il se peut que je doive retourner vaquer à mes occupations professionnelles un jour.

Remerciements

Tout d'abord,
Je remercie mes parents sans qui rien de tout cela n'aurait été possible, s'ils ne m'avaient pas mise au monde.
Je remercie mon époux Jérôme Gutbrod pour la confiance qu'il m'accorde depuis ces nombreuses années au quotidien et les épreuves de la vie que nous affrontons ensemble puisque complémentaires.
Je le remercie aussi pour sa patience, car je le reconnais, j'ai bien un caractère de brune.
Je remercie Franck R. qui a eu l'extrême gentillesse d'accepter de corriger mon premier livre, l'élégance de le lire en avant-première d'un œil neuf et d'être lui.
Je remercie Michel Pulh pour la célérité avec laquelle il a apporté son savoir-faire journalistique, pour l'équilibre de cette lecture en primeur.
Je remercie Claude Cancès d'avoir déclenché en moi cette envie profonde d'écrire à travers la lecture de ses œuvres et d'avoir pu savourer son humilité ainsi que son humanité.
Je remercie la bienveillance de toutes ces belles personnes que j'ai pu rencontrer jusqu'à ce jour.
Sans oublier les médiocres, sans qui je ne saurais peut-être même pas savourer le précieux.

Je remercie mon chien Tyson pour tout l'Amour pur qu'il me porte au quotidien.
Et je remercie ma mémoire qui, jusqu'à ce jour, ne m'a pas fait faux bond.
Et je terminerais par :

« Dans la vie, rien n'est jamais acquis ! »

Demain

À présent, retroussons les manches…
Tous responsables.
Le pire reste à venir.
Mais… pour finir sur une touche positive, je dirais qu'il n'est jamais trop tard pour bien faire.
Alors, faisons les bons choix possibles.
Je vous quitte donc des rêves plein la tête.
Des rêves à la mesure de mes moyens, en somme des rêves réalisables.

Connexion

Comment ça va ?
C'est vrai, cela faisait longtemps que je ne m'étais pas posé la question.

- Œdipe : La question est complexe…
- Pythagore : Tout est d'équerre…
- Socrate : Je ne sais pas !
- Hippocrate : Tant qu'on a la santé…
- Léonard de Vinci : (se contente de sourire…)
- Galilée : Ça tourne rond…
- Descartes : Bien, je pense…
- Pascal : Bien, je parie…
- Spinoza : Bien en substance…
- Newton : La question tombe à pic…
- Vivaldi : Ça dépend des saisons…
- Franklin : Du tonnerre !
- D'Alembert et Diderot : Impossible de répondre en deux mots !
- Kant : Question critique…
- Casanova : Tout le plaisir est pour moi…
- Sade : Foutrement bien…
- Marat : Ça baigne…
- Robespierre : Vous perdez la tête…
- Hegel : Au total, bien !

- Beethoven : En sourdine...
- Paganini : *Allegro ma non troppo...*
- Schopenhauer : Ce n'est pas la volonté qui me manque.
- Poe : Extraordinairement bien !
- Darwin : On s'adapte !
- Marx : Ça ira mieux demain !
- Nietzsche : Par-delà le bien, merci !
- Freud : Et vous ?
- Marie Curie : Je suis radieuse !
- Proust : Donnons du temps au temps...
- Einstein : Relativement bien !
- Picasso : Ça dépend des périodes...
- Dracula : J'ai de la veine...
- Cyrano : À vue de nez, bien !
- Camus : La question est absurde !

Et vous, comment allez-vous ?

Table des matières

ISBN : 979-1-09357-694-7
Achevé d'imprimé en juillet 2021 par La Manufacture
Dépôt légal : août 2021